마케팅 B[非]교과서

마케팅 B 교과서

초판 1쇄 발행일 2023년 5월 8일

지은이 노기태
펴낸이 박희연
대표 박창흠

펴낸곳 트로이목마
출판신고 2015년 6월 29일 제315-2015-000044호
주소 서울시 강서구 양천로 344, B동 449호(마곡동, 대방디엠시티 1차)
전화번호 070-8724-0701
팩스번호 02-6005-9488
이메일 trojanhorsebook@gmail.com
페이스북 https://www.facebook.com/trojanhorsebook
네이버포스트 http://post.naver.com/spacy24
인쇄 · 제작 ㈜미래상상

ISBN 979-11-92959-04-7 (13320)

* 책값은 뒤표지에 있습니다.
* 잘못된 책은 구입하신 곳에서 바꾸어 드립니다.

〈일러두기〉
이 책에 등장하는 QR 코드 및 검색을 위한 영상 제목은, 정확성을 기하기 위해 모두 유튜브 원 표기 그대로 사용했음을 밝혀둡니다. 영상 제목 표기에 통일성이 없고 제각각인 점, 독자 여러분의 양해를 바랍니다.

마케팅 **B** 교과서

[非]

노기태, 쓰고 디자인하다

트로이목마

Table of Contents

B

이 책의 제목은 '마케팅 B 교과서'입니다.
두 번째 마케팅 교과서란 의미를 담았습니다.
그래서 두 번째 알파벳, B를 선택했습니다.

하지만 '삐[bbiː]'라고 발음해주세요.
교과서와 달리 B급 정서를 지향하고 있습니다.
조금은 B딱하게, 가끔은 B꼿할지도 모릅니다.

한편, 한자로 표기하면 '非(비)'입니다.
결국 이 책은 딱딱한 교과서가 아니란 뜻입니다.
이렇듯 제목 속 B에 여러 의미를 담았습니다.

그래서 B는

교과서의 이론이 아닌 실무에서 체득한 경험을 담았습니다.

글에 그치지 않고 직관적인 이해를 위해 영상을 활용했습니다.

특히 매일 접하지만 딱히 배우지 않는 내용에 도전했습니다.

무엇을 규정하기보다는 기준점 또는 출발점을 제시했습니다.

이미 익숙한 내용일지 몰라도 색다르게 쓰고자 노력했습니다.

쉽게 유행을 따르기보다 마케팅의 본질에 더욱 충실했습니다.

불변의 정답이 아닌 특별한 매력을 지닌 오답이 되고자 했습니다.

편안한 가운데가 아닌 힘들고 불편한 모서리에 서고자 했습니다.

그곳에서 다른 시각으로 새로운 가치를 발견하고자 노력했습니다.

[UNIT 1]
프롤로그 PROLOGUE

별의별 마케팅.
밤하늘의 별처럼 수많은 이름의 마케팅이
화려하게 나타나고 또 사라집니다.

마케팅은 빠르게 변한다고 믿으며
유행하는 마케팅에 집착합니다.

디지털, 디지털, 디지털.
모두 같은 얘기만 합니다.

그럴수록 우리는 숫자에 더욱 매달리며
데이터가 모든 문제를 해결할 거라 믿습니다.

불편한 진실

모두가 마케팅의 중요성을 강조합니다. 관련 용어를 매일 반복하며 마케팅에 대해 잘 알고 있다고 생각합니다. 하지만 이는 바쁜 일상에 묻혀버린 익숙한 착각일 뿐입니다. 마케팅의 기본과 실무에서 접하는 핵심 사항들에 대해 배운다는 것, 솔직히 생각만큼 쉽지 않습니다.

마케팅, 너란 녀석…

마케팅은 참 독특한 분야입니다. 자격증이 배타적 경쟁력을 보장하지 않고, 경력이 실력으로 쉽게 치환되지 않으며, 학력이 출발의 유리함을 선사하지도 않습니다. 과학도 아니고 예술도 아닌 영역에서 존재하며, 마케터의 노력에 성공의 빗장을 쉽게 풀지도 않습니다.

우리의 착각

마케팅은 빠르게 변한다고 합니다. 우리는 새로운 이름으로 무장한 마케팅 기법에 쉽게 현혹됐고, 동시에 뻔해 보인다는 이유로 기본을 습관처럼 외면했습니다. 하지만 그것은 우리의 착각이었습니다. 변한 것은 기법일 뿐, 마케팅의 본질은 변하지 않고 오히려 그 중요성을 더해 가고 있습니다.

매일 접하지만 딱히 배워본 적 없기에
항상 답답하게 느껴졌던 마케팅,
이 책을 통해 그 답답함이 조금이나마 해소되길 바랍니다.

책 넘김
그 스마트폰 땜에 글이 가득한 책을 부담스러워 합니다.
자고로 책은 넘기는 맛이 있어야 한다고 생각합니다.

말랑말랑
개인적으로 마케팅은 이론에 매달릴수록 경직된다고 생각합니다.
고로 '광고쟁이'로서 경험한 것을 바탕으로 말랑말랑하게 썼습니다.

사례
최신 사례보다는 내용에 부합하는 사례를 담고자 노력했습니다.
그리고 우리에게 익숙한 국내 사례를 중심으로 구성했습니다.

동영상
사례는 QR코드를 삽입해 입체적으로 구성했습니다.
옆에 놓아둔 스마트폰으로 시청하며 읽으시기 바랍니다.

파워포인트
이번 책도 파워포인트로 제가 직접 만들었습니다.
너무 힘들기에 하지 않으려 했지만 짧은 다짐 후 다시 도전했습니다.

[UNIT 2]

고 GO

MARKETING

●○ 2016년 3월 9일 ●○
우리는 역사의 한 페이지를 목격했습니다.

이세돌 9단과 구글 '딥마인드DeepMind'가 개발한 알파고*의 바둑 대결,
그 첫 번째 대국이 열린 날이었습니다. 드디어 성사된 인간계 최고 실력자와
인공지능 간의 바둑 대결. 대한민국은 숨죽이며 지켜봤습니다.

아, 이세돌…!

알파고에 맞선 그는 기대와 달리 첫 대국에서 불계패합니다.
하지만 네 번째 대국에서, 지금은 은퇴한 알파고에게 유일한 패배를 안깁니다.
그럼에도 불구하고 결국 다섯 번의 대국 중 네 번을 패하고 맙니다.

그런데… 사실 이보다 20년 전에 똑같은 일이 있었습니다.

*알파고의 고(Go) : 바둑

1996년 2월 10일

IBM은 슈퍼컴퓨터 '딥 블루Deep Blue'를 개발했고, 압도적인 실력을 자랑하던
체스 세계 챔피언 '가리 카스파로프Garry Kasparov'와 첫 대결을 펼쳤습니다.

첫 대국의 승자는?

미국 뉴욕에서 벌어진 첫 번째 승부는 딥 블루의 승리로 끝났습니다. 하지만 1985년 이후로 세계 챔피언 타이틀을 유지하고 있던 카스파로프는 뒷심을 발휘했습니다. 최종 전적 3승 2무 1패로 딥 블루의 도전을 어렵지 않게 뿌리쳤습니다.

칼을 갈다

IBM은 물러서지 않고 더욱 칼을 갈았습니다. 체스 전용 칩을 기존의 16개에서 480개로 늘리고, 알고리즘도 업그레이드합니다. 새로운 도전에 대한 자신감과 승리에 대한 열망을 '디퍼 블루Deeper Blue'라는 이름에 고스란히 담았습니다.

1997년 5월 12일

1승 3무 1패. 이제 마지막 대국이 남았습니다. 하지만 카스파로프는 1시간 반 만에 기권하고 말았습니다. 압도적 실력의 세계 챔피언인 그가 머리를 감싸며 도저히 이길 수 없다는 표정으로 기권한 후 자리를 떠나던 모습은 믿기지 않았습니다.

그런데 정작 흥미로웠던 사실은…

바둑은 성역

당시 수많은 국내 언론과 바둑 전문가의 논평에선 묘한 뉘앙스가 느껴졌습니다.
그건 체스니까 가능한 것이지 소위 인류 최고의 두뇌 게임이라 인식되는 바둑은
아무리 슈퍼컴퓨터라 해도 어림없을 것이란 자신감이 담겨 있었습니다.

이길 자신 있다

그래서였을까요? 첫 대국을 보름가량 앞두고 열린 기자회견에서 이세돌 9단은, 알파고의 실력이 아직 자신과 기력을 논할 정도는 아니라며 승리를 자신했습니다.

이세돌 9단은…

"제 생각에는 이것이 3대 2 이런 승부는 아닐 거 같고요. 한 판을 지느냐, 5대 0이냐 4대 1이냐 이런 정도의 승부를 지금 예측하고 있습니다."

우려는 현실이 되고

그러나 동시에 그는 알파고가 엄청난 속도로 기력을 향상하고 있다는 사실에 살짝 경계심을 표출하기도 했습니다. 결국 첫 대국에서 그는 불계패를 기록했습니다.

그는 무척 당황했습니다. 그런 그의 모습에 마음의 준비가 부족했던 우리는 작지 않은 충격을 받았습니다. 이세돌, 그는 한순간에 인간계의 바둑 일인자에서 알파고에 1승을 간절히 바라는 도전자로 변모했습니다.

아시다시피 결국 이세돌은 1대 4로 완패했습니다. 그렇게 바둑의 성역은 무너졌고 우리 머릿속엔 강력한 한 단어가 각인되었습니다. 인공지능.

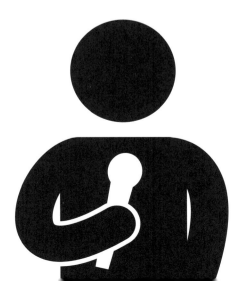

인공지능

그런데 일이 생각보다 커지기 시작했습니다.

빅데이터
클라우드 컴퓨팅
사물인터넷
가상현실
자율주행 자동차
3D 프린팅
드론
나노바이오기술
…

그리고 이를 하나로 묶은 '4차 산업혁명'.

연일 계속되는 전문가 대담 프로그램과 다큐멘터리.

그리고 우리에게 질문합니다.

"4차 산업혁명 시대,
이제 인간의 경쟁력은 무엇인가?"

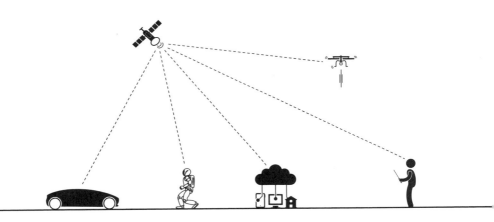

기계의 발명은 인간의 근력(육체노동)을 쉽게 압도하며 대체했습니다.
이제 4차 산업혁명의 총아, AI는 인간의 지력(지식노동)을 대체하고 있습니다.

전 세계 전문가들은 인공지능의 10년 후 모습을 예상했습니다.
지식을 습득하는 능력이 나날이 발전할 것이란 사실을 의심하지 않았습니다.

근력과 지력의 우월성을 잃은 우리에게 이제 기회는 없는 것일까요?
역설적이지만, 여전히 지력에 그 가능성이 있습니다.

그러나 이번에 언급한 지력은 위에 언급한 지식 습득을 위한 것과 다릅니다.
바로 사고(思考), 즉 인간만이 할 수 있는 씽킹Thinking을 의미합니다.

이제 '사고Thinking'에 대해 제 경험을 바탕으로 언급하고자 합니다.
딱히 학술적인 내용은 아니며, 우리가 이미 알고 있는 내용입니다.

세 가지 사고 중, 첫 번째는 바로…

1. 일반적 사고General Thinking

한마디로 같은 생각입니다.

나, 당신, 우리, 그들, 모두의 생각이 동일합니다.

경험

일반적 사고는 크게 두 가지를 통해 형성됩니다. 첫 번째가 바로 경험입니다. 개인적 경험의 반복을 통해 서서히 정립됩니다. 예를 들어 만두를 처음 빚는 경우 모양이 엉망입니다. 하지만 반복을 통해 어느덧 만두 빚는 방법을 체계화하고, 이 방법을 역시 만두를 처음 빚는 초보자에게 가르쳐줍니다.

교육

두 번째는 교육입니다. 개인이 세상의 모든 것을 경험할 수 없기에 타인의 경험을 통해 습득하는 것입니다. 타인의 경험이 쌓여 체계화되고 지식이 됩니다. 우리는 이 지식을 교육을 통해 배움으로써 일반적인 사고를 확장합니다. 따라서 교육은 타인을 통한 '간접경험'의 습득이라 하겠습니다.

우리는 교육을 통해 높은 곳에서 뛰어내리면 위험하다는 사실을 배웁니다. 내가 직접 경험하지 않는 것은 믿을 수 없다며 직접 높은 곳에 올라가 뛰어내리는 어리석은 행동을 하지 않습니다. 이제 우리는 높은 곳에서 뛰어내리면 위험하다는 동일한 생각, 즉 일반적인 사고를 하게 됩니다.

2. 천재적 사고Genius Thinking

한마디로 천재적인 생각입니다.

경지에 오른 사람의, 쉽게 따라할 수 없는 사고입니다.

참 쉽죠?

혹시 '밥 로스Bob Ross'를 기억하시나요? 한국에선 1994년 EBS 채널에서 방송한 '밥 로스의 그림을 그립시다'라는 프로그램을 통해 '밥 아저씨'로 유명했던 그는, 그림 그리기의 즐거움을 깨우쳐주었습니다. 하얀 캔버스에 물감을 쓱쓱 발라가며 그림을 그리던 모습을 아직도 기억합니다. 그는 항상 웃으며 말했습니다. "참 쉽죠?"

차범근 아저씨

주말마다 참석하는 아마추어 축구 동호회. 어느 날 회장의 엄청난 인맥으로 섭외한 일일 코치가 다름 아닌 한국 축구의 전설 차범근. 그가 나이를 잊은 채 직접 시범을 보여줍니다. "이렇게 가슴으로 트래핑, 팬텀 드리블과 마르세유턴으로 수비수 2명을 차례로 제치고 슛!" 그리고 이어지는 그의 한마디. "어때요, 참 쉽죠?"

참 쉽죠?

네, 저도 그림과 축구가 그들이 얘기하듯 참 쉬웠으면 좋겠습니다.
하지만 그들은 자신의 분야에서 높은 경지에 오른 사람입니다.
물론 엄청난 노력의 결과이지만, 우리는 그들을 천재라고 칭합니다.
그래서 그들의 사고(퍼포먼스)는 소위 넘사벽입니다.

어쩌죠?

아쉽게도 우리 대부분은 천재의 영역에 도달하지 못합니다.

일반적인 사고로는 4차 산업혁명 시대에 특별한 경쟁력을 확보하기 어렵습니다.

그런데 우리 같은 보통 사람들에게도 분명 기회가 있습니다.

그것은 다름 아닌…

3. 창의적 사고Creative Thinking

한마디로 남다른 생각입니다.

남들이 미처 생각하지 못한 것을 떠올리는 사고입니다.

아홉 개의 점

● ● ● ● ● ● ● ● ●

네 개의 선

—— —— —— ——

그리고 이것으로…

'깜짝 퀴즈'를 내보겠습니다.
어디선가 본 듯한, 이 느낌적인 느낌.

혹시 그랬는데 답이 생각나지 않는다면?
기억을 더듬지 말고 새롭게 풀어봅시다.

* 깜짝 퀴즈 : 아홉 개 점 잇기 *

조건은 아래와 같습니다.

① 네 개의 직선만 사용해야 한다.
② 한 번 지나간 점은 다시 지나갈 수 없다.
③ 직선의 연결은 끊어지면 안 된다.

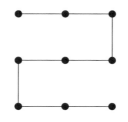

다섯 개의 직선을 사용했습니다.
아쉽지만 무효입니다.

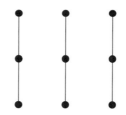

세 개의 직선만으로 완성했지만, 연결이 끊겼습니다.
이번에도 무효입니다.

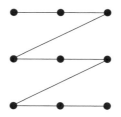

대각선도 가능하지만, 여전히 직선이 다섯 개입니다.
이것 역시 무효입니다.

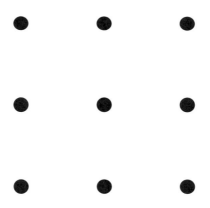

이제 직접 해보시기 바랍니다.

제한시간은 1분입니다.

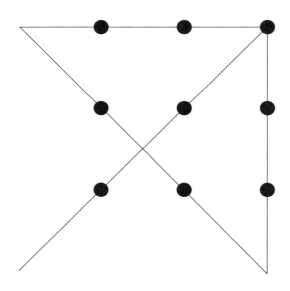

어떻습니까?

맞히셨나요?

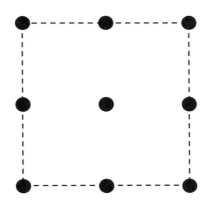

아마 문제를 풀지 못한 대부분의 사람은 이처럼 보이지 않게
경계선을 머릿속에 그어 놓고 벗어날 생각을 못 했을 겁니다.

이 경계선이 바로…

아카데믹하게 표현하면 '정답'입니다.
다르게 표현하면 '고정관념'입니다.

긍정적으로 표현하면 '상식'입니다.
부정적으로 표현하면 '편견'입니다.

방식에 녹아들면 '격식'입니다.
사람에 녹아들면 '이미지'입니다.

행동으로 발현되면 '관행'입니다.
습관으로 발현되면 '관습'입니다.

이 경계선을 깨는 것이 바로 '4차 산업혁명의 본질'입니다.

'정답'에 얽매이지 않는 것,
'고정관념'을 과감히 깨는 것,

'상식'을 무너뜨리는 것,
'편견'을 버리는 것,

'격식'을 파괴하는 것,
'이미지'를 벗어 던지는 것,

'관행'을 타파하는 것,
'관습'을 거부하는 것입니다.

이것을 가능하게 만드는 것

그것이 바로 '창의적 사고Creative Thinking'입니다. 기존엔 미처 하지 못한 다른 생각을 통해 아이디어를 떠올려 문제를 해결하는 것입니다. 그래서 우리는 '창의력 Creativity'이라 부르는 그 능력을 그 어느 때보다 더욱 간절히 원합니다. 특히 오늘날 부모 입장에선 내 자녀가 꼭 지녔으면 하면 매력적인 역량입니다.

갑툭튀는 아니잖아!

아시다시피 창의적 사고, 그리고 창의력은 최근에 갑자기 툭 튀어나온 개념은 아닙니다. 동서고금을 막론하고 인류의 발전은 언제나 새로운 아이디어가 바탕이 되었고, 창의력은 연료 역할을 했습니다. 그런데 오늘날 그 중요성이 이토록 부각되는 이유는 무엇일까요?

경쟁력을 확보하는 방법

기업의 경우 과거엔 아이디어가 부족해도 다른 방법을 통한 경쟁력 확보가 지금보다는 상대적으로 수월했습니다. 예를 들면 더 낮은 가격, 더 넓은 유통 채널, 더 많은 영업 인력을 통해 경쟁하곤 했습니다. 그러나 오늘날 이러한 경쟁력은 점차 확보하기도, 예전처럼 유지하기도 힘들어지고 있습니다.

창의적 사고Creative Thinking

꼭 내 것으로 만들고 싶은 매력적인 능력입니다.
만약 악마가 이것으로 나와 거래하길 원한다면 마음이 흔들릴 만큼.
이런 말도 안 되는 상상을 잠시나마 해볼 만큼.

이런 창의적 사고가 요구되는 대표적인 분야가 바로 마케팅입니다.
이 책에 소개되는 내용과 많은 사례의 출발점은 바로 창의적 사고입니다.
이제 봉인되었던 당신의 마케팅 DNA를 해제하세요.

나는 마케터가 아닌데 굳이?

맞습니다. 마케터가 아니라면 명목상 굳이 필요하지 않을 수 있습니다.
그런데 어쩌죠? 스마트폰이란 녀석이 출연하며 세상은 완전히 변했습니다.
그래서 지금 우리는 이제껏 경험하지 못한 세상을 살고 있습니다.

변화보다는 안정이 중요한 보수적인 분야라 특별히 필요없을 거라고요?
천만에. 창의적 사고를 통한 아이디어의 창출은 분야를 가리지 않습니다.
창의적 사고의 격전지, 마케팅 분야는 관심 있게 지켜볼 가치가 충분합니다.

내 안의 마케팅 DNA, 봉인 해제!

Not Better, But Different!

[UNIT 3]

원초적 질문
BRUTAL QUESTION

도대체
마케팅은
뭔가요?

스마트폰으로 정의를 검색해봅시다.
그리고 2~3가지 정의를 읽어봅시다.

멋진 단어와 표현이 가득합니다.
그래서 수긍할 수 있습니다.

그런데 너무 교과서적입니다.
뭔가 2% 부족한 느낌입니다.

그래서 기회가 될 때 다시 질문합니다.
"도대체 마케팅은 뭔가요?"

스마트폰
가라사대
마케팅은
•••

구글Google 검색을 해보았습니다.

제 생각에 괜찮다고 생각하는 것을 소개하고자 합니다.

The action or business of promoting and selling products or services,

including market research and advertising.

조금 양념을 섞어 의역하면…

"제품과 서비스를 판촉하고 판매하는 행위 또는 비즈니스를 의미하며
시장조사, 광고 등 다양한 활동을 포함한다."

음, 역시나…

무난하고, 착하고, 교과서적이라 여전히 2% 심심한 느낌입니다.
그래서 뭔가 비교의 대상을 옆에 두고 바라보면 어떨까 싶습니다.

그 대상은 역시 '세일즈Sales'라고 생각합니다.

다시 구글Google 검색을 했습니다.

The exchange of a commodity for money;

the action of selling something.

이번엔 양념 없이 그대로 번역해도 될 것 같습니다.

"상품과 화폐의 교환;

뭔가를 판매하는 행위"

음…

마케팅과 세일즈, 둘 다 뭔가를 판매한다는 교집합이 있습니다.

이런 이유로 사람들은 마케팅과 세일즈를 혼동한다고 생각합니다.

그러니까 2019년 3월 21일

현대자동차는 신형 쏘나타를 출시했습니다.
1985년 첫 출시 이후 등장한 8세대 모델이었습니다.
그런데 현대자동차는 재미있는 발표를 합니다.

참고로 위에 보이는 아이콘은 쏘나타가 아닙니다.
그저 자동차를 표현하기 위해 사용했습니다.

"택시 모델은 출시하지 않겠습니다."

여러분 지금 당장 밖으로 나가 운행 중인 수많은 택시를 보세요. 가장 많이 보이는 모델이 다름 아닌 현대자동차의 쏘나타입니다. 체감상 2~3대 중 1대는 쏘나타라고 느껴질 정도입니다. 그런데 8세대 모델을 출시하며 그동안 장악해온 택시 시장에 출시하지 않겠다고 발표합니다. 아니, 이게 무슨 일인가요?

양치기 소년?

그런데 현대자동차는 7세대 쏘나타를 출시했을 때도 같은 발표를 했습니다. 하지만 그 약속을 지키지 못하고 결국 택시 모델을 출시했습니다. 현대자동차의 이런 전력으로 인해 이번 발표에 대한 소비자의 전반적인 반응은 냉담했습니다. 또 시간이 적당히 지나면 출시할 것으로 예상하는 듯했습니다.

로망이자 드림카

"30년 이상 된 브랜드이고 대한민국의 근대사를 함께한 차예요. 개인적으로도 사실 이 차가 저의 10대 후반, 20대 초반의 로망이자 드림카였어요. 그런데 외국에서 생활하다 귀국해보니 제 드림카가 택시가 돼 있더군요." 당시 언론과의 인터뷰에서 현대차 디자인센터장은 이렇게 언급했습니다. 그런데…

이번엔 2019년 11월 19일

현대자동차는 그랜저 부분변경 모델을 출시했습니다.
부분변경이지만 디자인을 포함 신형 모델이라 평가받았습니다.
그랜저는 앞서 출시한 쏘나타보다 상급 모델입니다.

참고로 이번 아이콘도 그랜저가 아닙니다.
솔직히 이것이 쏘나타를 더 닮긴 했지만…

이제 드디어 당신의 스마트폰이 활약할 때가 되었습니다.
다음 페이지의 QR 코드를 하나씩 스캔해보세요

브랜드 : 현대자동차 그랜저GRANDEUR
업로드 : 현대자동차 유튜브 채널, 2019년 11월 4일
제목 : 2020 성공에 관하여, 현대자동차 GRANDEUR 프리 런칭

브랜드 : 현대자동차 그랜저GRANDEUR
업로드 : 현대자동차 유튜브 채널, 2019년 11월 19일
제목 : GRANDEUR 런칭 _ 2020 성공에 관하여, '동창회' 편

브랜드 : 현대자동차 그랜저GRANDEUR
업로드 : 현대자동차 유튜브 채널, 2019년 11월 20일
제목 : GRANDEUR 런칭 _ 2020 성공에 관하여, '퇴사하는 날' 편

브랜드 : 현대자동차 그랜저GRANDEUR
업로드 : 현대자동차 유튜브 채널, 2019년 11월 20일
제목 : GRANDEUR 런칭 _ 2020 성공에 관하여, '아들의 걱정' 편

브랜드 : 현대자동차 그랜저GRANDEUR
업로드 : 현대자동차 유튜브 채널, 2019년 11월 20일
제목 : GRANDEUR 런칭 _ 2020 성공에 관하여, '유튜버' 편

상당히 부담스러운 상황

자동차 회사들은 자사가 보유한 다양한 브랜드의 신규 모델을 보통 5~7년 주기로 교체합니다. 그런데 당시 그랜저는 마치 신차를 출시한 것 같은 상황이었습니다. 현대자동차는 자사의 고급 세단 브랜드인 그랜저의 정체성을 다시 한 번 시장에서 명확하게 정립해야 하는 쉽지 않은 과제 앞에 섰습니다.

2020 성공에 관하여

세상에 쉬운 마케팅 과제가 어디 있겠습니까? 하지만 현대자동차는 이처럼 쉽지 않은 과제를 맞아 '2020 성공에 관하여'란 마케팅 캠페인으로 멋지게 응답했습니다. 누군가는 성공을 다소 속물처럼 표현했다고 볼 수도 있겠지만, 저는 소비자의 솔직한 마음을 매우 잘 읽었다고 생각합니다.

들켜버린 우리들의 속마음

온라인에서 대중들의 반응도 마찬가지였습니다. 자신도 모르는 사이 속마음을 들킨 듯한, 그래서 우리 사회가 바라보는 성공에 대한 인식과 태도를 다양한 영상 광고를 통해 표현했다는 평이었습니다. 그런데 공식 판매에 들어간 지 영업일 기준으로 열흘가량 지난 2019년 12월 2일, 흥미로운 일이 벌어졌습니다.

GRANDEUR Taxi

성공을 재정의한 그랜저, 택시로 그 가치를 이어가다

현대자동차는 홈페이지를 통해 택시 모델 출시를 알렸습니다. 언론에 보도자료 배포도 없었습니다. 왜 이토록 서둘렀을까요? 아니, 브랜드 이미지 강화를 위해 먼저 출시한 쏘나타조차 하지 않았던 택시 모델 출시를, 왜 그보다 상위 브랜드인 그랜저를 통해 이어갔을까요? 그리고 소비자의 반응은 어땠을까요?

초반의 판매 열풍을 극대화하기 위한 전략이란 언론의 해석도 있었지만, 불만을 토로하는 목소리를 피할 순 없었습니다. 특히 사전계약을 완료한 고객 사이에서 들려오는 실망감이 가장 컸을 것입니다. 그런데 그로부터 두 달 정도 지난 2020년 2월 3일, 언론을 통해 또 다른 보도가 전해졌습니다. 이번엔 쏘나타였습니다.

SONATA Taxi

사우디아라비아 공항 택시로 신형 쏘나타 1,000대 공급 계약 체결

현대자동차가 중동 최대 자동차 시장인 사우디아라비아에 신형 쏘나타 1,000대를 공항 택시로 공급하는 계약을, 수도 리야드에 위치한 국제공항 킹 칼리드에서 체결했다는 소식이었습니다. 사우디 교통부 장관도 참석한 이 자리에서 선도 물량 100대를 인도하고, 연말까지 나머지 900대를 공급할 예정이라고 밝혔습니다.

쏘나타와 그랜저를 통해 보여준 현대자동차의 행보를 어떻게 봐야 할까요? 영업 관점에서 보면 당연히 박수를 받아야 합니다. 택시 모델 출시 및 판매를 통해 국내외 시장에서 이윤을 창출했기 때문입니다. 하지만 마케팅 관점에서 보면 택시 모델을 통해 두 브랜드에 가져온 혼란스러운 행보는 분명 아쉬움이 남습니다.

쏘나타와 그랜저, 각 브랜드를 담당하는 마케팅과 영업본부 담당자들은
택시 모델 출시 및 판매에 대해 여러 차례 회의를 진행했을 겁니다.

모든 기업이 마찬가지겠지만 해당 본부마다 역할과 이해관계가 다르기에
현대자동차도 합의점을 찾기까지 치열한 갑론을박이 있었겠죠?

이런 과정을 거치며 현대자동차는 마침내 전략적인 결정을 내렸을 겁니다.
그리고 사우디 공항 택시 공급 계약 소식을 전하며 다음과 같이 말했습니다.

"사우디아라비아에 신형 쏘나타를 대량 수주함으로써

사우디아라비아를 찾는 글로벌 고객들을 공항에서부터 만나고

현대자동차의 뛰어난 상품성을 알릴 수 있게 돼 기쁩니다.

향후에도 사우디아라비아 교통 정책 변화에 선제적으로 대응해

중동 시장에서 더욱 신뢰받는 기업으로 거듭나겠습니다."

- 2020년 2월 3일, 현대자동차 관계자 -

어떤가요?

지금까지 소개한 현대자동차 사례는 영업과 마케팅의 모습을 잘 보여주는 사례라 할 수 있습니다. 판매를 통해 회사에 큰 매출 성과를 가져온 영업본부는 당연히 많은 박수를 받아야 합니다. 다시 말하지만, 기업의 존재 목적은 매출을 통한 이윤 창출이기 때문입니다. 하지만 마케팅 관점에서 보면 분명 아쉬움이 있습니다.

성공과 택시

마케팅 본부는 그랜저 캠페인을 멋지게 시작했고, 초반 판매실적도 기대 이상으로 좋았습니다. 하지만 택시 모델 출시로 소비자에게 브랜드 정체성에 대한 혼란과 실망감을 안겨준 것도 엄연한 사실입니다. 쏘나타 역시 국내 시장에 택시를 출시하지 않겠다는 약속은 지켰지만, 해외 시장 출시로 다소 머쓱해졌습니다.

제품 vs. 가치

저는 지금 현대자동차를 비난하는 것이 아닙니다. 오히려 영업과 마케팅, 그리고 둘 사이의 균형점을 찾는 것은 현대자동차 같은 세계적인 기업에게도 쉽지 않다는 점을 말씀드리는 겁니다. 왜 그럴까요? 그것은 바로 영업은 제품과 서비스를 파는 반면, 마케팅은 제품과 서비스에 생명을 불어넣어 가치를 파는 것이기 때문입니다.

마케팅은 제품과 서비스에
생명을 불어넣어 가치를 파는 것이다.

이미 알고 있다고요?
읽어 보니 당연한 얘기라고요?
새로운 내용이 아니라고요?

맞습니다, 이미 알고 있을지도 모릅니다.
맞습니다, 이렇게 읽어 보니 당연한 얘기입니다.
맞습니다, 새로운 내용이 아닐 수도 있습니다.

그러나, 세상에 당연한 것은 없습니다.
그런데, 우리는 이 사실을 아주 쉽게 잊곤 합니다.
그래서, 가치를 잊고 판매와 쉽게 타협합니다.

잊지 않았으면 합니다.
당연하다고 생각하지 않았으면 합니다.
마케팅은 가치를 판다는 사실을.

그래서…

나이키는 단순히 신발, 의류, 스포츠 용품 등을 판매하는 것이 아니라
잘할 수 있다는, 그래서 승리할 수 있다는 '자신감'이란 가치를 팝니다.

할리데이비슨은 단순히 모터사이클을 판매하는 것이 아니라
나의 (내재된) '남성성男性性'이란 가치를 팝니다.

애플은 단순히 폰, 컴퓨터, 운영체제(OS) 등을 판매하는 것이 아니라
남들과 구별되는 '다름Difference'이란 가치를 팝니다.

SAMSUNG

애플 vs. 삼성

세계 최대 규모의 브랜드 컨설팅회사 중 하나인 인터브랜드Interbrand는 매년 브랜드 가치를 독자적으로 계산해 소위 '세계 100대 브랜드'를 발표하는데, 애플은 압도적인 격차로 1위를 차지하고 있습니다. 이런 애플을 상대로 경쟁하고 있는 삼성을 잠깐 살펴보면 어떨까요? 삼성은 과연 어떤 가치를 팔고 있을까요?

지난 2007년 애플의 스마트폰 출시 이후, 두 기업의 경쟁은 언제나 뜨거웠습니다. 애플은 혁신의 아이콘이었고 삼성은 항상 뒤를 열심히 쫓아가는 입장이었습니다. 그런 삼성이 스마트워치 시장에 애플보다 먼저 진출해 기선을 제압합니다. 애플은 늦게 뛰어들었지만 단숨에 시장을 평정했고 지금도 압도적 1위입니다.

이것은 바로 애플이 마케팅을 통해 쌓아 올린 강력한 브랜드 가치 때문입니다. 소비자는 '애플이 만들면 다를 거야.'라는 믿음으로 애플의 스마트워치를 기다린 것입니다. 삼성은 다시 한 번 폴더블폰으로 앞서 나가고 있습니다. 이번에도 애플은 아직 움직임이 없습니다. 두 브랜드의 흥미로운 대결을 관심 있게 지켜봅시다.

그런데 많은 호사가들은 왜 삼성은 애플처럼 못하냐고 말합니다. 과연 그럴까요? 저는 아니라고 생각합니다. 삼성은 애플이 되어서는 안 되고, 애플도 삼성이 되어서는 안 되는 것이죠. 삼성은 아주 잘하고 있습니다. 삼성은 자신만의 브랜드 가치를 꾸준히 쌓아 가고 있습니다. 그것은 바로 '최고의 기술Best Technology'입니다.

삼성과 현대자동차, 그리고 더 많은 대한민국 브랜드가 계속 성장하길 응원합니다.

브랜드 : 맥도날드McDonald's
업로드 : 맥도날드 유튜브 채널, 2014년 12월 26일
제목 : 올해도 금빛 행운 가득, 행운버거 [맥도날드]

브랜드 : 맥도날드McDonald's
업로드 : 맥도날드 유튜브 채널, 2019년 12월 26일
제목 : 2020년 금빛 행운 나누세요! 행운버거 출시

브랜드 : 맥도날드McDonald's
업로드 : 맥도날드 유튜브 채널, 2020년 12월 25일
제목 : 놀라운 행운버거의 힘을 나누세요

맥도날드 행운버거

이제 우리 주변에서 접할 수 있는 사례를 마지막으로 이번 유닛을 마치려고 합니다. 바로 맥도날드 '행운버거'입니다. 아시아 시장에서 한정 판매하는 제품으로서, 한국에서는 2013년 12월에 판매를 시작했습니다. 매년 12월 말부터 다음해 연초까지 진행하며, 영어 이름은 '프로스페러티 버거Prosperity Burger'입니다.

QR코드를 통해 보았듯이 맥도날드 행운버거는 새해를 맞이하는 사람들의 개인적 소망이 모두 이루어지길 바라는 마음을 담고 있습니다. 즉, 단순히 연말연시라는 특정 기간에 맛볼 수 있는 버거를 판매하는 것이 아닙니다. 이 메뉴를 통해 새해를 맞이하는 소비자에게 행운이란 가치를 판매하는 것이죠. 참 멋지다고 생각합니다.

할리데이비슨Harley-Davidson
앞에서 할리는 남성성(男性性)을 판다고 했죠?
특유의 배기음도 그 일부입니다.

할리는 소리 상표 등록을 시도했습니다.
하지만 9개 경쟁사는 극렬히 저항했습니다.
결국 할리는 상표 출원을 포기했습니다.

하지만 소리 상표가 등록되었다고 믿는 사람이 많습니다.
그래서 경쟁사가 할리를 흉내 내는 것으로 알고 있습니다.
따지고 보면 이것이 더 무서운 사실 아닐까요?

UNIT 4

베이직 포 BASIC FOUR

싸가지? 아니, 4가지!

마케팅은 숫자 4를 좋아하는 것 같습니다. 가장 대중적으로 많이 알려진 것은 다름 아닌 마케팅 믹스, 이른바 '포피 믹스4P Mix'라고 불리는 Product(제품·서비스), Price(가격), Place(유통), Promotion(판촉)입니다. 1960년대 제롬 매카시Jerome McCarthy 교수가 정립한, 기본적 마케팅 활동 수단이라 평가받습니다.

언제 적 4P더냐!

하지만 시간이 흐르며 기업의 경쟁 환경은 변했고, 생산자 관점의 4P보다 소비자 관점의 4C가 주목받습니다. 다름 아닌 Consumer(소비자), Cost(비용), Convenience(편의성), Communication(커뮤니케이션)입니다. 나아가 이제는 브랜드와 디지털 마케팅의 중요성이 부각되며 4E가 등장했습니다.

2000년대에 등장해 4C가 더욱 발전한 것으로 평가받는 4E는 바로 Experience(경험), Engagement(참여), Evangelist(전도), Enthusiasm(열정)입니다. 시대의 변화를 담은 멋진 이론입니다. 그런데 말입니다. 4P부터 4E까지, 모두 좋긴 한데 실무에선 점점 멀어지는 느낌을 지울 수가 없습니다. 특히 4E는 너무 서사적이며 철학적입니다.

베이직 포

그래서 저는 실무에서 항상 사용할 수 있는, 생산자와 소비자를 연결하는 4가지 기본요소(Element)를 소개하고자 합니다. 마케팅은 말할 것도 없고 사업, 창업, 방송 프로그램 등 다양한 영역에서 무언가를 기획(Planning)할 때 유용하게 활용할 수 있습니다. 마케팅의 '베이직 포(Basic Four)'라고 불러보겠습니다.

4P

기업 입장에서 마케팅 효과를 극대화하기 위해 활용할 수 있는 4요소

- Product : 제품과 서비스 구성요소의 차별화를 통해 경쟁 우위 확보

- Price : 고객이 느끼는 가치에 비해 낮게, 생산비용보다는 높게 책정

- Place : 제품과 서비스를 유통하고 고객에게 최종 판매하는 다양한 채널

- Promotion : 광고, 홍보, 이벤트 등 판매 촉진을 위해 벌이는 다양한 활동

4C

1980년대 이후 서비스와 정보통신기술의 발달로 촉발된 소비자 관점의 4요소

- Consumer : 생산자의 제품이 소비자에게 전달되는 관점의 제품과 서비스

- Cost : 제품과 서비스의 가격이 아닌 소비자가 가치에 대해 지불하는 비용

- Convenience : 단순 판매처가 아닌 소비자의 편익을 위한 유통 및 채널 전략

- Communication : 일방적 판촉이 아닌 기업과 소비자 사이의 커뮤니케이션

4E

2000년대에 등장, 브랜드로부터 획득하는 경험과 관계를 중심으로 한 4요소

- Experience : 구매 여부와 관계없이 소비자에게 긍정적인 경험을 제공

- Engagement : 단순 매출이 아닌 소비자의 참여를 유도해 좋은 관계 형성

- Evangelist : 높은 충성도를 가진 소비자를 브랜드 전도사로 전환해 활용

- Enthusiasm : 급변하는 마케팅 환경에 적응하고 배우려는 마케터의 자세

1. 타깃Target

첫 번째 요소는 바로 타깃을 규정하는 것입니다.
즉, 나의 제품과 서비스는 누구를 위한 것인가를 고민해야 합니다.

흔히 판매만 신경 쓰다 보면 타깃의 중요성을 잊곤 합니다.
나의 제품과 서비스를 구매하는 사람이면 누구라도 소중하다고 합니다.

하지만 그렇게 접근하면 나의 제품과 서비스는 모두를 위한 것이 됩니다.
장기적 관점의 비즈니스를 위해서 마케팅은 반드시 타깃을 규정해야 합니다.

나의 제품과 서비스에 최적화된 소비자 집단이 바로 타깃입니다.
그들의 소비가 주가 될 때, 비로소 브랜드가 되며 가치가 빛을 발합니다.

영업적 관점의 고객 또는 손님이란 명칭과는 확연히 구분되어야 합니다.
그것이 바로 '타깃'입니다.

브랜드 : 데스티니 차일드
업로드 : 라인 게임즈 유튜브 채널, 2017년 5월 17일
제목 : [데스티니 차일드T] TVCF Full ver. 45초

인구통계학적 타깃Demographic Target

이 마케팅 캠페인은 '12세 이상의 게임 이용자'를 타깃으로 하고 있습니다. 기존엔 19세 이상 성인만 가능한 게임이었는데, 모바일 버전을 출시하며 게임 가능 연령을 12세까지 낮춘 것을 알 수 있습니다. 이처럼 나이, 성별, 교육, 직업, 가족 규모와 같은 사회경제적 관점으로 규정한 타깃을 '인구통계학적 타깃'이라고 합니다.

그리고 이는 혈액형, 소득 수준, 주거 지역, 주거 형태, 결혼 여부, 자녀 수, 안경 착용 여부, 선호하는 정당, 몸무게, 취미, 그리고 옷 사이즈(S, M, L)처럼 다양한 영역까지 적용해 활용할 수 있습니다. 범위를 정해 놓고 적용하면 한 사람도 빠짐 없이 반드시 하나에 속하게 됩니다.

브랜드 : 정관장 화애락
업로드 : 정관장 유튜브 채널, 2019년 4월 23일
제목 : 화애락 '엄마의 차례'

갱년기 여성

이번 마케팅 캠페인의 타깃은 누구일까요? 딸이 등장하고 계속해서 엄마를 언급하며 이야기를 이어갑니다. 그렇다면 엄마일까요? 하지만 조금 더 들어보면 타깃은 엄마라기보다는 '갱년기 여성'임을 알 수 있습니다. 이렇게 인구통계학적으로 구분됩니다. 아, 물론 여기엔 갱년기를 맞이한 수많은 엄마도 포함됩니다.

계속해서 다음 사례를 보겠습니다.

브랜드 : 롯데칠성음료 핫식스HOT6
업로드 : 롯데칠성음료 유튜브 채널, 2014년 9월 17일
제목 : [핫식스] 청춘차렷! 핫식스! _ ATM, 동아리, 프린터

청춘차렷!

롯데칠성음료의 대표 브랜드 중 하나인 에너지 드링크 '핫식스'가 예전에 집행했던 마케팅 캠페인입니다. 믿고 보는 배우, 조정석 씨를 모델로 기용해, 재미있지만 한편으론 안타까운 에피소드 세 가지를 보여주고 있습니다. 타깃은 누구일까요? 끝에 나온 카피 '청춘차렷!'에 힌트가 있습니다. 네, 그렇습니다. 바로 '청춘'입니다.

청춘의 나이

타깃이 청춘이므로 인구통계학적 접근이라 할 수 있습니다. 그런데 청춘은 정확히 몇 살일까요? 우선 20대라는 답변엔 이견이 없을 겁니다. 그러나 누구는 10대 후반을, 또 누구는 30대도 중반까지는 포함해야 한다고 할 겁니다. 정확한 숫자로 떨어지지는 않지만 그래도 인구통계학적 타깃이라 하기에 무리가 없습니다.

마음이 중요하지 않나요?

그런데 머리가 희끗희끗하지만 멋지게 탱고 춤을 즐기고 있는 60대 부부가 손을 듭니다. "나이는 숫자에 불과하죠. 요즘 누가 청춘을 나이로 구별하나요. 우리처럼 마음이 젊은 사람이면 나이와 상관없이 누구라도 청춘이죠. 안 그런가요?" 듣고 보니 맞는 말씀입니다. 그러고 보니 청춘이란 단어는 개념적이기도 하네요.

브랜드 : 농심 신라면 건면
업로드 : 농심 유튜브 채널, 2020년 5월 19일
제목 : [슬기로운 건면생활] 맛있고 깔끔한 신라면 건면!

개념적 타깃Conceptual Target
이번 마케팅 캠페인의 타깃은 누구일까요? 밤늦은 시간에 먹는 라면이 부담스러운
사람, 즉 체중 관리중인 '다이어터Dieter'입니다. 이처럼 공통된 특징 또는 성향을 바
탕으로 정의한 타깃을 '개념적 타깃'이라고 합니다. 이전 페이지 마지막 부분에서 청
춘을 나이가 아닌 마음가짐으로 접근한 것과 같은 맥락입니다.

다른 이름으로 부르기도
개념적 타깃은 '라이프 스타일 타깃Lifestyle Target'이라 부르기도 합니다. 혹자는 '심
리학적 타깃Psychological Target'이라고도 부릅니다. 앞에 소개한 인구통계학적 요소
로 구분하기 힘듭니다. 한마디로 남녀노소 상관없이 하나로 묶을 수 있는 소비자 집
단이라 할 수 있습니다.

자, 그럼 두 가지 사례를 더 소개할까 합니다.

브랜드 : 기아자동차 스팅어STINGER
업로드 : 기아자동차 유튜브 채널, 2017년 5월 23일
제목 : STINGER TV광고 – 스타일 편 (60초)

브랜드 : 기아자동차 스팅어STINGER
업로드 : 기아자동차 유튜브 채널, 2017년 5월 23일
제목 : STINGER TV광고 – 퍼포먼스 편 (60초)

Live Your Dream

기아자동차가 야심 차게 론칭한 스포츠세단 스팅어의 마케팅 캠페인입니다. 대중적인 모델이 아니기에 더욱 특별한 타기팅이 요구됩니다. 영상에서 보듯이 타깃은 어느덧 사회에 진출해 '안정적인 삶을 꿈꾸고 있는 사람'입니다. 하지만 그 때문에 활력 없고 무료한 일상을 보내고 있는, 그런 개념적인 타깃입니다.

브랜드 : 한국오츠카제약 우르오스ULOS
업로드 : 오츠카 우르오스 유튜브 채널, 2020년 4월 20일
제목 : 2020 우르오스 올인원 모이스처라이저 _ 취준생 편

브랜드 : 한국오츠카제약 우르오스ULOS
업로드 : 오츠카 우르오스 유튜브 채널, 2020년 4월 20일
제목 : 2020 우르오스 올인원 모이스처라이저 _ 예비신랑 편

젊은 남자?

이번엔 남성 화장품 우르오스ULOS의 마케팅 캠페인입니다. 우르오스를 사용한다는 이유만으로 대표이사와 예비장인은 망설임 없이 채용과 결혼을 승낙합니다. 단순히 젊은 남자라서? 아닙니다. '자기관리에 철저한 젊은 인재'이기 때문입니다. 아, 그리고 젊은 남자라는 인구통계학적 타깃 위에 개념적 타깃을 규정했습니다.

이번에 소개할 마케팅 캠페인은 특별히 중요한 내용을 담고 있습니다.

브랜드 : ㈜두드림 아이클타임
업로드 : 아이클타임 유튜브 채널, 2017년 11월 13일
제목 : 2017 아이클타임 광고 친구 편 TV CF 30s

야, 우리 친구거든!
광고에서 긴 생머리를 한 아송이의 친구는 동생이냐고 묻는 남학생에게 당차게 얘기합니다. 해당 동영상에 달린 수많은 댓글에서 확인할 수 있듯이 정말 귀여운, 그러나 키 작은 어린이의 진심이 느껴지는 연기였습니다. 특별할 것 같지 않은 이 짧은 30초짜리 광고는 우리에게 중요한 내용을 전달합니다.

① 마케팅은 진실 게임
동일한 질문입니다. 타깃은 누구일까요? 광고 속에서 언급됐듯이 바로 '또래보다 키가 작은 우리 아이'입니다. 그렇다면 부모 입장에서 볼 때, 우리 아이는 얼마나 작아야 또래보다 키가 작은 아이가 되는 걸까요? 우선 초등학생의 각 학년별 평균키를 기준으로 우리 아이가 그보다 작으면 타깃이 되겠죠?

그러면 한번 가정해보겠습니다. 다음 페이지를 보면 아이들이 신나게 뛰어놀고 있는데 그중에 올해 초등학교 3학년이 된 해원이와 지혜가 있습니다. 둘은 같은 반이고 동시에 같은 아파트에 사는 친한 친구 사이입니다. 둘의 키를 살펴보겠습니다. 우선 해원이는 133cm, 반면 지혜는 그보다 작은 125cm입니다.

그런데 재미있는 사실이 있습니다. 해원이는 아이클타임을 먹고 있지만 지혜는 그렇지 않습니다. 이상하죠? 또래보다 키가 작은 아이를 위한 아이클타임은 지혜에게 필요한데, 오히려 키가 8cm 더 큰 해원이가 꼬박꼬박 먹고 있습니다. 정확한 타깃은 해원이가 아닌 지혜인데 어째서 이런 일이 벌어질까요?

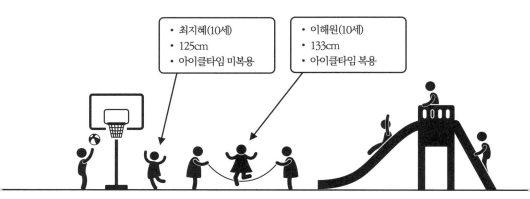

- 최지혜(10세)
- 125cm
- 아이클타임 미복용

- 이해원(10세)
- 133cm
- 아이클타임 복용

내가 믿는 것이 진실

초등학교 3학년 학생이 스스로 자신의 키에 대해 고민할 가능성은 크지 않습니다. 하지만 아이의 부모는 다르겠죠. 내 아이의 키가 작다고 믿는 해원의 부모에겐 해원이가 지혜보다 8cm나 크다는 사실은 큰 의미가 없습니다. 반대로 지혜는 또래보다 키가 작지만, 지혜 부모가 그렇게 생각하지 않기에 문제가 되지 않습니다.

이는 아주 중요한 사실을 우리에게 말해주고 있습니다. 마케팅은 우리가 알고 있는 절대적이고 변치 않는 진실이 아닌, 절대적이지 않고 언제라도 변할 수 있는 상대적인 진실에 대한 것입니다. 기억하세요. 내가 진실이라고 믿는 것, 마케팅에선 그것이 바로 진실입니다.

그래서 우리는 브랜드란 이름의 제품과 서비스를 만나 열렬히 사랑합니다. 영원히 그 마음이 변치 않으리라 믿었지만 이내 실망하고 외면합니다. 또 이런저런 이유로 외면했는데 뜻하지 않은 계기로 매력적인 모습을 발견하고 푹 빠지기도 합니다. 갈대와 같은 이런 마음을 우리 자신도 모른 채 말이죠.

다음은 진실일까요?

- 5 곱하기 5는 25이다.
- 태양은 아침에 동쪽에서 떠오르며 저녁에 서쪽으로 저문다.
- 바닷물은 소금 성분을 함유하므로 맛이 짜다.
- 인간은 노화를 멈출 수 없기에 결국 죽음에 이른다.
- 물은 중력으로 인해 높은 곳에서 낮은 곳으로 흐른다.
- 현재 지구에서 가장 높은 산은 에베레스트다.
- 한글은 우리의 고유 문자이며 세종대왕이 창제했다.

다음은 진실일까요?

- 나의 배우자는 여전히 멋지고 매력적이다.
- 그래도 우리 팀장은 꼰대는 아니다.
- 맛있게 먹으면 0칼로리다.
- 대한민국에서 재산이 20억 원이면 부자라고 할 수 있다.
- 역사상 최고의 축구 선수는 크리스티아누 호날두다.
- 피자는 역시 페퍼로니 피자가 가장 맛있다.
- 지금은 힘들지 몰라도 노력은 절대 배신하지 않는다.

② 미디어 타깃

구매자 ≠ 소비자

그런데 아이클타임은 과연 누가 구매하고 소비할까요? 구매자와 소비자, 이 둘은 언제나 동일한 사람일까요? 어떤 제품 또는 서비스가 필요한 경우, 우리는 보통 본인이 직접 구매하고 소비합니다. 그러나 항상 그런 것은 아니죠. 즉, 구매자와 소비자가 다른 경우도 매우 흔합니다.

내 아이가 직접?

아이클타임의 경우 아이가 직접 구매할 가능성은 제로(Zero)에 가깝습니다. 그렇다면 누가 구매할까요? 네, 바로 마케팅 캠페인을 접한 아이의 부모일 것입니다. 따라서 캠페인은 소비자가 아닌 구매자인 부모에게 집중적으로 노출돼야 합니다. 이때 부모는 '미디어(Media) 타깃'이 됩니다.

인구통계학적 접근

미디어 타깃은 인구통계학적 관점에서 접근하는 것이 효과적입니다. 아이클타임의 경우, 미디어 타깃은 어린 자녀를 둔 30~40대 부모가 되겠죠. 따라서 그들이 많이 거주하는 지역을 중심으로, 그리고 그들이 많이 소비하는 미디어에 집중적으로 투자하는 것이 효율적입니다.

③ 고정관념

더 격렬하게 안 변하고 싶다

고정관념을 깨라. 우리가 지겹도록 듣는 말입니다. 다르게 해석하면 변화하라는 의미입니다. 그래서 우리는 일상에서 계획을 세웁니다. 대표적인 것이 신년 계획입니다. 하지만 결과는 대부분 작심삼일로 끝납니다. 계획대로 실행하면 내게 좋은 변화가 일어난다는 사실을 잘 알지만 우리는 변화를 거부합니다. 왜 그럴까요?

그것이 본능

인간은 변화를 싫어합니다. 그것이 본능입니다. 인간은 물리적 안전과 심리적 안정이 충족되면 그 상태를 유지하길 원합니다. 따라서 더 좋은 것이 있어도 생각만큼 쉽게 받아들이지 않습니다. 즉, 좋다는 것을 알면서도 변화하는 것을 싫어합니다. 지금 이대로가 익숙하고 편하기 때문입니다. 변화는 한마디로 스트레스죠.

키에 대한 고정관념

다시 키로 돌아오겠습니다. 어린이의 키는 어떻게 자랄까요? 아동기엔 나이에 비례해 천천히 자라지만 청소년기, 소위 사춘기를 거치면서 성장호르몬의 영향으로 급격히 자랍니다. 그래서 아이클타임의 다음 광고에서 키 크고 싶어 하는 아이를 안심시키는 아빠의 생각(고정관념)을 확인할 수 있습니다.

브랜드 : ㈜두드림 아이클타임
업로드 : 아이클타임 유튜브 채널, 2017년 12월 8일
제목 : 2017 아이클타임 광고 부자지간 편 TV CF 30s

때 되면 다 커~

바로 이것이 우리가 키에 대해 가지고 있는 고정관념입니다. 그래서 또래보다 키가 작다고 생각되는 우리 아이가 사춘기가 되면 다른 아이만큼 성장할 것이라 믿기에 특별히 조급한 마음을 가질 이유가 없다고 생각합니다. 그래서 별다른 조치를 취하지 않습니다. 있다면, 우유를 많이 마셔라 정도?

우리의 자세

고정관념에 대해 우리는 어떤 자세를 취할 수 있을까요? 둘 중 하나입니다. 더욱 강화하거나 깨거나. 질문은 계속됩니다. 어느 것을 선택해야 할까요? 그것은 바로 지금 내가 처한 상황에 따라 달라집니다. 지금의 상태가 내게 유리하다면 그것을 지속해야 하므로 강화해야 합니다. 내게 불리하다면 깨기 위해 노력해야 합니다.

브랜드에 대입하면

현재 시장에서 1등 또는 선두권에 속한 브랜드는 소위 판을 흔들거나 뒤집어야 할 필요를 느끼지 못합니다. 하지만 새롭게 진입하는 브랜드 또는 별다른 존재감이 없는 여타 브랜드는 자신에게 유리한 판을 새롭게 짜야 합니다. 그래야 반전의 기회를 마련할 수 있으니까요. 경쟁의 룰을 내게 유리하게 바꾸는 것이죠.

물론 어렵습니다

바꾸는 것이 가능할까요? 네, 가능합니다. 그러나 우리가 예상하는 것과는 비교도 할 수 없을 만큼 훨씬 더 어렵습니다. 그래서 경쟁의 룰을 바꾸기 위해 시도하는 수많은 마케팅 캠페인은 아쉽지만 대부분 실패로 끝납니다. 말씀드렸죠. 인간은 변화를 싫어하며 자신의 고정관념을 깨거나 바꾸는 것이 매우 어렵다고

아까 42쪽에서 보았던 점선의 그 사각형.
고정관념, 정답, 상식, 편견, 격식, 이미지, 관행, 그리고 관습.

이것을 깨기 위해 우리는 힘차게 돌을 던져봅니다.
매우 견고해서 깨는 것이 대단히 어렵습니다.

대개 우리는 사각형을 깨지 않고 더 단단하게 만듭니다.
이것이 바로 '개선Improvement'입니다.

우리가 사각형을 깼을 때 비로소 변화가 생깁니다.
이것이 바로 '혁신Innovation'입니다.

따지고 보면 인류는 혁신을 통해 발전해왔습니다.
그리고 역사는 이를 빠짐없이 기록해왔습니다.

그 옛날 말은 최고의 이동수단이었습니다.

그때 우리 인류는 어떤 말을 간절히 원했을까요?

더 빠르고 더 오래 달리는 말이었습니다.

아, 그리고 더 멋지게 생긴 말도 포함되었겠죠.

그런데 세상을 바꾼 것은 그런 말이 아니었습니다.

어느 날 자동차란 녀석이 나타나 가장 사랑받는 이동수단이 되었습니다.

그때부터 우리는 어떤 자동차를 간절히 원해왔을까요?

더 빠르고 더 연비가 좋고 더 안전하고 더 멋진 자동차였습니다.

그런데 지금 세상을 바꾸고 있는 것은 그런 자동차가 아닙니다.

어느 날 전기 자동차란 녀석이 나타나 내연기관 자동차를 밀어내고 있습니다.

지금 우리는 어떤 전기 자동차를 간절히 원하고 있나요?

당연히 더 빨리 충전되고 더 먼 거리를 주행하는 전기 자동차입니다.

어디선가 등장한 또 다른 녀석

오늘날 이 변화의 주기는 더욱더 빨라지고 있습니다. 전기 자동차의 경우, 아직도 여전히 보급 초기 단계입니다. 그런데 벌써 '드론'이란 녀석이 떠오르고 있습니다. 이미 여러 나라에서 드론 택시를 시험 운행중입니다. 이렇듯 세상을 바꾸는 것은, 개선이 아닌 혁신입니다.

뫼비우스의 띠

사실 개선과 혁신은 뫼비우스의 띠처럼 하나로 연결되어 있습니다. 어느 날 혁신이 등장하며 게임의 룰을 하루아침에 바꿔버립니다. 혁신은 승승장구하며 점점 많은 것을 차지합니다. 그럴수록 혁신은 그것을 지키기 위해 더 이상의 변화를 거부하며 그 자리에서 개선에 몰두합니다. 더 좋게, 더 빠르게, 더 편리하게, 더 멋지게.

결국 같은 존재

어느덧 혁신은 개선으로 변해버리고 새롭게 등장하는 또 다른 혁신에 패배하고 주인공의 자리를 내놓습니다. 그리고 무대에서 사라지거나 절치부심하며 새로운 혁신이 만든 게임의 룰에 적응해 개선으로 연명하면서, 다시 한 번 혁신의 기회를 노립니다. 비즈니스, 브랜드, 아니 인류의 역사도 이러했습니다.

새롭다는 것

그래서 인류는 언제나 새로운 것에 열광했습니다. 하지만 새로운(New) 것은 無에서 有를 창조하는 것이 아닙니다. 이것은 신의 영역이라고 할 수 있습니다. 인간이 만드는 세상을 변화시키는 새로움이란, 더 좋은 것이 아닌 기존과 '다른(Different)' 것입니다. 그러므로 새롭다는 찬사는 혁신의 몫입니다.

피할 수 없는 운명

마케팅에 있어서 선두권에 속한 브랜드는 개선에 몰두하기 시작하므로 또다시 혁신의 주인공이 된다는 것은 쉽지 않습니다. 아무리 혁신적인 브랜드도 시간이 흐름에 따라 그 빛이 바랩니다. 그리고 그사이 새롭게 등장한 혁신적인 브랜드와 생존을 담보로 펼치는 치열한 경쟁은 결코 피할 수 없습니다.

장수 브랜드

그래서 오랜 시간을 거치며 개선과 혁신을 이뤄내고, 숱한 경쟁에서 승리해 여전히 선두권에 속해 있는, 소위 장수(長壽) 브랜드가 대단한 것입니다. 최근에 등장한 혁신적인 경쟁자로 인해 힘겨운 시간을 보내고 있는 브랜드가 있다면 관심 있게 지켜볼 가치가 충분합니다. 장수 브랜드는 그냥 생존해온 브랜드가 아니기 때문이죠.

자, 그럼 이제 고정관념의 관점에서 다른 사례를 하나 더 소개할까 합니다.

좋아하는 라면은?

우리가 무척 좋아하는 대한민국 대표 음식, 라면. 국민적인 사랑을 반영하듯 시장에는 정말 수많은 라면 브랜드가 치열하게 경쟁합니다. 하지만 좋아하는 라면이 뭐냐는 질문에 가장 많은 소비자의 선택은 바로 '신라면'일 것입니다. 라면은 농심, 그리고 농심은 신라면. 도저히 깨질 것 같지 않은 정답, 상식, 그리고 고정관념입니다.

좋아하는 비빔면은?

마케팅에서 말하는 '최초 상기 브랜드Top of Mind Brand'로서 신라면은 극강의 파워를 자랑합니다. 하지만 좋아하는 비빔면이 뭐냐고 질문을 바꿔보면 어떨까요? 아주 다른 결과가 나오죠. 비빔면 시장의 본좌(本座), 바로 '팔도비빔면'입니다. 그렇다면 농심은? 아쉽지만 농심은 존재감이 거의 없었습니다.

그러던 2020년

비빔면 시장의 꾸준한 성장, 그리고 그 시장을 팔도비빔면이 지배하는 상황을 더는 좌시하지 않겠다는 듯, 드디어 농심은 비빔면 시장에 출사표를 던집니다. 바로 '농심 칼빔면'. 라면 전체 시장에선 절대강자이지만 비빔면 시장에서는 존재감이 전혀 없는 농심은 무엇을 해야 할까요? 고정관념에 맞서 새로운 판을 짜야 합니다.

브랜드 : 농심 칼빔면
업로드 : 농심 유튜브 채널, 2020년 04월 13일
제목 : [신제품] 비빔면의 상식을 칼로 베다 '농심 칼빔면'

브랜드 : 농심 칼빔면
업로드 : 농심 유튜브 채널, 2020년 04월 13일
제목 : [신제품] 비빔면의 상식을 칼로 베다 '농심 칼빔면'

* 비빔면에 대한 우리의 고정관념 *

첫째, 비빔면은 역시 팔도비빔면
둘째, 일반 라면보다 얇은 면발
셋째, 얼음과 함께 여름에 시원하게

• • •

그런데 농심 칼빔면 론칭 캠페인은 도발적인 멘트로 시작합니다.

"비빔면은 다 거기서 거기다?"

역시, 모름지기 도전자의 미덕은 넘치는 패기죠.
급기야 두 번째 영상에서 성스러운 면발의 굵기에 태클을 겁니다.

"비빔면은 얇은 면으로 비빈다?"
"놀랍도록 굵은 면발로 입맛 강타!"

칼빔면은 지금까지의 가냘픈 면발과 달리 근육질 면발을 자랑합니다.
그리고 '선빵불패' 정신을 가득 담아 팔도비빔면을 겨냥해 먼저 움직입니다.
그것도 여름이 오기 한참 전인 4월 중순에 말입니다. 이제 겨우 봄이건만….

그리고 광고 전반에 걸쳐 자신의 미션을 잊지 않습니다.

"비빔면의 상식을 칼로 베다."

나이스!

자, 그러면 팔도비빔면의 반응이 궁금하지 않나요?

브랜드 : 팔도비빔면
업로드 : 팔도 유튜브 채널, 2020년 4월 29일
제목 : 2020 팔도비빔면 ("언제나 비비면 맛나는 세상") _ 박은빈

어떤가요?

농심 칼빔면의 론칭 캠페인이 있은 지 2주 정도 지나서 팔도비빔면도 그해 캠페인을 시작했습니다. 패기 넘치는 도전자와 달리 챔피언은 차분하게 캠페인을 진행합니다. 오랫동안 편하게 보아왔던 내용으로 자신만의 영역을 더욱 강화합니다. 혹시라도 자신들의 타깃 소비자가 다른 비빔면에 관심을 보일까 봐 영역을 강화합니다.

"비빔면 가지고 고민하는 건 선을 넘은 거지."

그리고 물 위에 가득 떠 있는 얼음덩어리를 뚫고 비빔면을 꺼내는 장면이 나오며, 팔도비빔면은 역시 여름에 시원하게 먹어야 한다는 상식을 다시 한 번 일깨웁니다. 이어서 같은 맥락에서 농심 칼빔면에 잠시나마 흔들렸을지도 모를 타깃 소비자의 마음을 진정시키기 위해 추가 멘트를 날립니다.

"따라올 수 없는 이 맛, 역시 팔도비빔면."

이어서 우리의 귓가에 익숙한 멜로디로 정점을 찍습니다.

"오른손으로 비비고~, 왼손으로 비비고~"

그리고 아름다운 마무리.

"언제나 비비면 맛나는 세상"

그리고 2020년 마케팅 캠페인에 두 가지 맛을 더해 함께 어필합니다.

 브랜드 : 팔도비빔면
업로드 : 팔도 유튜브 채널, 2020년 4월 29일
제목 : 2020 팔도 BB크림면 ("언제나 비비면 맛나는 세상") _ 박은빈

팔도비빔면 × 미샤

팔도비빔면은 이종 브랜드 간의 협업 트렌드에 맞춰 화장품 브랜드 미샤(MISSHA)와 함께 '팔도BB크림면'을 한정 출시합니다. 매콤한 비빔장에 고소한 크림을 섞어 다양한 맛을 원하는 젊은층이 주요 타깃이라고 발표합니다. 비빔면의 '비비다'는 의미를 화장품의 'BB크림'과 절묘하게 섞은 센스가 돋보입니다.

 브랜드 : 팔도비빔면
업로드 : 팔도 유튜브 채널, 2020년 4월 29일
제목 : 2020 팔도비빔면 매운맛 ("언제나 비비면 맛나는 세상") _ 박은빈

팔도네넴띤의 귀환

지난 2019년 2월, 팔도는 비빔면 출시 35주년을 기념해 '팔도네넴띤'을 한정판으로 출시합니다. 포장지에 인쇄된 브랜드명이 '팔도네넴띤'처럼 보인다는, 젊은 소비자 사이에서 유명해진 신조어를 그대로 사용합니다. 출시 2개월 만에 무려 1,000만 개가 조기 완판되며 정식 출시 요구가 이어질 만큼 큰 인기를 끌게 됩니다.

그런 소비자의 요구에 팔도 역시 적극적으로 응답합니다. 결국 2019년 7월, 팔도네넴띤은 '팔도비빔면 매운맛'으로 정식 출시됩니다. 할라피뇨 분말을 첨가해 기존 팔도비빔면 대비 5배 매운맛은 그대로 유지합니다. 그리고 여러 캠페인을 통해 팔도비빔면 매운맛이 전하는 특유의 새콤달콤 매콤한 맛을 알리고 있습니다.

두 브랜드의 치열한 경쟁. 과연 시장의 반응은 어땠을까요? 잠시만 기다려주세요.

먹고 싶다.
아, 짧다!

2. 니즈Needs

두 번째 요소는 바로 타깃의 니즈입니다.
그들이 필요로 하는 것이 무엇인지 파악하는 것이죠.

즉, 원하는 상태와 현재 상태 사이의 간격입니다.
니즈는 아래의 다양한 동의어를 포함합니다.

Want, 무엇을 원하는가?
Desire, 무엇을 갈망하는가?
Problem, 무엇이 문제인가?
Issue, 무엇이 이슈인가?
Hope, 무엇을 희망하는가?
Fear, 무엇이 두려운가?

상황에 따라 적절한 단어를 사용할 수 있습니다.
니즈, 제품과 서비스가 존재하는 이유입니다.

니즈에 대처하는 마케터의 자세는 다양합니다.

타깃이 그렇게도 원하는데 전혀 신경 쓰지 않습니다.
타깃이 원할 때 지체 없이 감지하고 해결합니다.
타깃도 미처 인지하지 못한 니즈를 찾아내기도 합니다.

마케터는 항상 타깃에 관심을 기울여야 합니다.
그들의 생각과 행동을 관찰해야 합니다.
그래서 다양한 방식으로 리서치Research를 진행합니다.

누구는 철저한 리서치 덕분에 성공했다고 합니다.
또 누구는 리서치 없이도 충분히 성공 가능하다고 합니다.
모두 의미 있는 믿음이며 존중받아야 한다고 생각합니다.

다만, 각자의 성공은 누구도 예측할 수 없는 것입니다.
오직 시장만이 답을 하는 것입니다.
그리고 결과가 리서치에 대한 믿음을 정당화할 뿐입니다.

이 모든 것이 바로 타깃의 니즈 때문에 벌어지는 일입니다.
그만큼 중요하다고 할 수 있습니다.
이제 영상을 통해 살펴보도록 하겠습니다.

브랜드 : 스피킹맥스SPEAKING MAX
업로드 : 스피킹맥스 유튜브 채널, 2015년 11월 30일
제목 : [스피킹맥스 광고] 강남역학원 편

브랜드 : 스피킹맥스SPEAKING MAX
업로드 : 스피킹맥스 유튜브 채널, 2016년 6월 23일
제목 : [스피킹맥스 광고] 게스트하우스 편

브랜드 : 스피킹맥스SPEAKING MAX
업로드 : 스피킹맥스 유튜브 채널, 2016년 6월 23일
제목 : [스피킹맥스 광고] 입국심사대 편

아, 이놈의 영어

미안하지만, 니즈에 관해 얘기하기에 앞서 타깃이 누구인지 먼저 물어보겠습니다. 타깃은 영어를 못하는 사람이겠죠? 즉, 영어를 잘하고 싶은 사람일 겁니다. 그런데 단순히 영어라고 하면 범위가 넓습니다. 영어는 크게 읽기(Reading), 쓰기(Writing), 듣기(Listening), 그리고 말하기(Speaking)의 네 분야로 나눌 수 있습니다.

우리를 끈질기게 괴롭히는, 그러나 여전히 대한민국 사회에서 중요한 경쟁력이 되는 것이 바로 영어입니다. 그런데 영어 시장이 커짐에 따라 소비자의 니즈도 나뉘고 있습니다. 지금 보신 스피킹맥스의 마케팅 캠페인은 영어를 잘하고 싶은 사람 중에서도 특히 회화에 초점을 두고 있습니다.

그렇다면 영어 회화를 잘하고 싶은 사람은 인구통계학적 타깃일까요, 개념적 타깃일까요? 영어 회화 실력이 부족하다는 것은 절대적인 기준이 아니고 상대적인 기준이므로 후자입니다. 더구나 남들이 잘한다고 평가해도 스스로 부족하다고 믿는다면(내가 받아들이는 진실), 타깃에 당당히(?) 포함됩니다.

영어는 필수?

이제 타깃의 니즈는 무엇일까요? 당연히 영어 회화 실력 향상입니다. 그런데 앞서 타깃 부분에서 보았던 사례와는 달리 스피킹맥스의 캠페인은 타깃이 아닌 니즈에 초점을 맞춥니다. 개념적 타깃의 경우 특정 집단에 국한되지 않기에 니즈에 집중하는 것이 더 효율적이라 할 수 있습니다.

영어 마비

대신 개념적 타깃에 속하는 대표적 소비자를 여러 편의 광고를 통해 자연스럽게, 그러나 그들의 공통된 니즈만은 확실하게 보여줍니다. 그러면서 니즈를 맛깔나게 표현했습니다. 영어 회화 실력 향상이라는 지극히 밋밋할 수 있는 타깃의 니즈에 날개를 달았습니다. '영어 마비', 이것이 바로 카피라이터의 힘이죠. 멋집니다.

경쟁 브랜드

이제 다른 영어 브랜드가 보여주는 다양한 니즈를 살펴보겠습니다. 참고로 최대한 비슷한 시기에 진행되었던 캠페인으로 선택했습니다. 그리고 해당 브랜드의 공식 유튜브 채널에 직접 업로드되어 있지 않은 광고 영상은 아쉽지만 제외했습니다. 그 대신 여러분이 직접 찾을 수 있도록 검색어를 남깁니다. 양해 부탁드립니다.

브랜드 : 해커스톡HACKERS TALK
업로드 : 해커스 유튜브 채널, 2015년 12월 11일
제목 : [해커스톡 기초영어] 해커스톡 광고 – 왕초보영어 탈출!

해커스톡

영어는 언어이기에 일정 수준에 아직 도달하지 못한 초보자에게 어필할 수 있는 영역은 제한적입니다. 타깃은 '영어 왕초보'입니다. 그리고 니즈는 다름 아닌 '왕초보 탈출'입니다. 개념적 타깃의 어찌 보면 당연한 니즈입니다. 그리고 이를 중독성 강한 노래로 만들어 효과적으로 메시지를 전달한 캠페인입니다.

브랜드 : 시원스쿨SIWON SCHOOL
업로드 : 광고대행사 DHCOM 유튜브 채널
제목 : 시원스쿨 류현진 편

시원스쿨

2015년 1월, 시원스쿨은 류현진을 필두로 국민 MC 유재석과 강호동을 모델로 기용하며 캠페인을 전개했습니다. 타깃은 해커스톡과 같은 '영어 왕초보'입니다. 하지만 니즈는 직설적인 해커스톡과 달리 매우 원초적입니다. 바로 '영어가 안 된다'입니다. 해당 기업의 유튜브 채널에 업로드되지 않아 대신 검색을 위한 제목을 남깁니다.

브랜드 : 영단기
업로드 : 커넥츠 영단기 유튜브 채널, 2014년 12월 17일
제목 : 외국어학원 1위 영단기 TV CF 30초

영단기

2010년대 중반, 영어 시장에서 이전에 없던 치열한 마케팅 경쟁이 펼쳐졌습니다. 그 시작을 알린 첫 번째 브랜드가 바로 '영단기'입니다. 특히 타깃과 니즈에 있어 매우 현실적인 접근을 합니다. 타깃은 '토익 시험 응시자', 그리고 니즈는 자연스럽게 '토익 시험 점수 향상'입니다. 사실 지금 보신 캠페인은 2년차에 진행됐습니다.

이보다 1년 전에 나온 광고도 꼭 봐야 합니다. 아주 도발적입니다.

브랜드 : 영단기
업로드 : 커넥츠 영단기 유튜브 채널, 2013년 12월 13일
제목 : [영단기] 마녀사냥 편(성시경/허지웅)

도발적 메시지

한국인이 가진 영어에 대한 부담감은 결과적으로 잘하는 사람에 대한 부러움으로 표출되곤 합니다. 영어를 잘하면 그 사람의 능력이 실제 이상으로 크게 느껴지는 효과가 있습니다. 잘하고 싶은데 쉽게 허락되지 않는 도도한 존재입니다. 대한민국에서 영어는 이렇듯 각별한 대접을 받고 있습니다.

세속적인 접근

하지만 영단기는 마케팅 캠페인을 통해 영어에 매우 세속적으로 접근합니다. 영어가 가장 절박하게 필요한 집단을 타깃으로 합니다. 바로 토익 시험 응시자, 특히 취업을 준비하는 대학생을 보여줍니다. 그들의 니즈는? 원어민과 능숙한 회화가 아닌 지극히 현실적인 점수 상승이라고 규정해버립니다. 매우 인상적입니다.

물론 지금까지 살펴본 네 개의 브랜드는 영어에 관한 다양한 서비스를 제공합니다. 하지만 어찌 보면 특별히 차별화할 여지가 없어 보이는 영어가 타깃과 니즈에 따라 얼마든지 다른 모습으로 소비자에게 다가갈 수 있음을 보여줍니다. 네 개 브랜드의 타깃과 니즈를 아래와 같이 정리하며 다음 사례로 넘어가겠습니다.

브랜드	타깃	니즈
스피킹맥스	회화를 잘하고 싶은 사람	영어 마비
해커스톡	영어 왕초보자	영어 왕초보 탈출
시원스쿨	영어 초보자	영어가 안 된다
영단기	토익 시험 응시자(특히 취준생)	토익 시험 점수 상승

브랜드 : 리스테린LISTERINE
업로드 : 써풋SSUPPORT 유튜브 채널, 2020년 7월 13일
제목 : 상쾌한 아침을 여는 자기 전 습관 리스테린

자기야, 좋은 아침~

이번엔 세계 판매 1위의 구강청결제 리스테린의 마케팅 캠페인입니다. 니즈는 누가 봐도 명확합니다. 바로 입 냄새입니다. 그런데 입 냄새는 누구에게서 날까요? 특정 집단이 아닌 우리 모두입니다. 누구나 입 냄새에서 자유로울 수 없기 때문이죠. 그래서 굳이 타깃에 초점을 맞출 이유가 없었던 것입니다.

그런데 이 짧은 영상에서도 재미있는 사실이 보입니다. 다음은 제가 해당 캠페인을 사례로 강의할 때 실제로 하는 질문입니다. 그대로 재현해보겠습니다.

Q. 제가 질문 하나 드리겠습니다. 여자는 입 냄새가 날까요?

A. 네. (소수의 답변 그리고 내적 갈등을 겪는 대다수)

Q. 아니죠, 여자는 입 냄새가 안 납니다.

A. ……(미심쩍은 표정)

Q. 그렇다면 여자는 땀을 흘릴까요?

A. 네. (여전히 소신 있는 소수)

Q. 아니죠, 여자는 땀을 흘리지 않습니다.

A. ……(다수)

Q. 땀을 흘린다고 합시다. 그럼 여자는 땀 냄새가 날까요?

A. 납니다. (끝까지 소신 있는 소수)

Q. 아니죠, 여자는 땀 냄새가 안 나죠.

A. ……(이제야 눈치챈 극소수)

자본주의의 꽃

흔히 마케팅을 자본주의의 꽃이라고 합니다. 하지만 화려한 꽃처럼 오직 비즈니스와 이윤만 추구하는 비도덕적인 모습을 보이기도 합니다. 마케팅은 언제나 동화 같은 아름다운 모습만 보여주진 않습니다. 조금 전 보았던 젊은 남녀 커플의 상황도 그렇습니다. 자는 동안 불어난 입 속 세균으로 인한 입 냄새는 왜 남자의 몫일까요?

개인 vs. 성별

위생은 개인적인 문제입니다. 하지만 마케팅 캠페인은 신체와 직접 관련된 위생은 개인이 아닌 성별의 관점에서 접근해왔습니다. 개인적인 문제이지만 대수(大數)의 법칙을 적용하면 남자는 여자만큼 위생적이지 못하다는 고정관념(또는 편견)이 우리의 인식에 어느덧 자리잡았고, 많은 사람이 진실로 받아들이고 있습니다.

소프트(Soft)

물론 여자를 대상으로 하는 경우도 쉽게 찾아볼 수 있지만, 남자의 그것보다는 소프트합니다. 리스테린 캠페인의 경우 남녀의 역할을 바꾼다면 어떨까요? 논리적 관점에선 당연한 상황이지만 굳이 보고 싶지 않고, 편하게 느껴질 만큼 익숙하지 않습니다. 이처럼 마케팅은 우리가 인지하는 진실을 얄밉도록 잘 활용합니다.

브랜드 : GC 녹십자 지씨플루GC FLU
업로드 : GC 녹십자 유튜브 채널, 2019년 9월 30일
제목 : [지씨플루] 식탁 편 (15")

브랜드 : GC 녹십자 지씨플루GC FLU
업로드 : GC 녹십자 유튜브 채널, 2019년 9월 30일
제목 : [지씨플루] 교실 편(15")

브랜드 : GC 녹십자 지씨플루GC FLU
업로드 : GC 녹십자 유튜브 채널, 2019년 9월 30일
제목 : [지씨플루] 엘리베이터 편(15")

겨울 불청객

이번 마케팅 캠페인 사례는 GC녹십자의 지씨플루입니다. 세 편의 광고가 니즈를 명확하고 직관적으로 표현하고 있습니다. 독감은 누구라도 걸릴 수 있기에 특정 타깃이 아닌 니즈에 초점을 맞췄습니다. 하나만 보아도 충분할 정도입니다. 몇 년간 코로나 팬데믹을 겪었지만, 코로나뿐만 아니라 겨울 독감도 유의해야겠습니다.

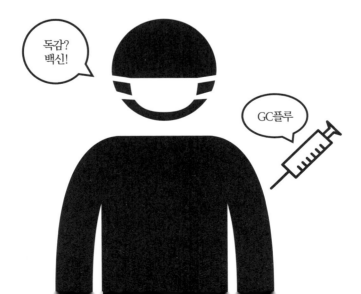

3. 솔루션Solution

우리는 타깃을 규정하고 니즈를 파악했습니다.
이제 다음 요소는 충분히 예상할 수 있습니다.

타깃의 그 니즈에 대한 해결책은 무엇인가?
그렇죠, 이제 브랜드는 솔루션을 제시해야 합니다.

니즈와 솔루션은 동전의 양면과 같습니다.
우리는 이미 니즈 사례에서 솔루션을 보았습니다.

타깃이 원하는 솔루션을 제공하는 주체.
그것이 바로 기업이 제공하는 제품과 서비스입니다.

일회성이 아닌 지속적인 해결책이 될 때
비로소 브랜드가 되는 것이죠.

앞 페이지에서 언급한 대로 니즈 편에서 우리는 이미 솔루션을 확인했습니다. 다만 니즈와 솔루션 중 니즈에 조금 더 초점을 맞추었다고 볼 수 있습니다. 아래에 표로 정리했습니다. 영어 사례는 스피킹맥스와 영단기, 그리고 이어서 소개한 리스테린과 지씨플루를 정리했습니다.

브랜드	니즈	솔루션
스피킹맥스	영어 마비	스피킹맥스 : 영어 회화 능력 상승
영단기	토익 시험 점수 상승	영단기 : 토익 시험 점수 상승
리스테린	입 냄새	리스테린 : 입 속 세균 제거
지씨플루	독감 예방	지씨플루 : 독감 백신

이제 본격적으로 솔루션에 해당하는 사례를 소개하겠습니다. 니즈 사례와 마찬가지로 여기에 소개될 사례도 니즈를 포함하고 있습니다. 하지만 이번엔 솔루션에 더 초점을 맞추었다고 보면 되겠습니다. 사실 니즈와 솔루션은 개인의 시각이 다를 수 있기에 니즈가 아닌 솔루션으로, 또는 그 반대의 경우도 충분히 가능합니다.

거북목
고개를 들어 앞을, 위를, 그리고 하늘을 보라고 했건만 어찌된 일인지 현대인은 모두 아래를 봅니다. 이게 다 스마트폰을 필두로 다양한 디지털 기기를 끊임없이 사용하기 때문입니다. 이로 인해 많은 사람들이 소위 거북목으로 고생하고 있습니다. 이를 위한 목 자세 교정기가 등장했습니다. 바로 디닥넥Didoc NECK.

브랜드 : 디닥넥Didoc NECK
업로드 : 디닥넥 유튜브 채널, 2020년 11월 5일
제목 : 나쁜 목엔 띠라렉 디닥넥! CF 30' Ver.

눈높이보다 낮은 곳에 있는 것을 오랫동안 내려다봄에 따라
사람의 목이 거북목처럼 앞으로 서서히 구부러지는 증상이 나타납니다.

우리는 이를 거북목 증후군이라 부릅니다.
분명 문제인데 오랜 기간 그러려니 하며 방치했습니다.

니즈는 바로 거북목, 그러나 극적인 면이 2% 부족합니다.
그래서 디닥넥은 거북목을 빌런(악당)으로 만들어버립니다.

니즈는 다름 아닌 '나쁜 목'.
솔루션은 디닥넥을 통한 '바른 목'.

나쁜 목 vs. 바른 목
니즈와 솔루션의 명확한 대비입니다.

'띠라렉'이란 의성어가 매우 인상적입니다.
그리고 성우의 내레이션은 가히 압권입니다.

브랜드 : 미래엔MIRAE N
업로드 : 미래엔 유튜브 채널, 2021년 3월 10일
제목 : [미래엔 에듀] 하루 한 장 '중고거래 편' (2021년)

브랜드 : 미래엔MIRAE N
업로드 : 미래엔 유튜브 채널, 2021년 3월 10일
제목 : [미래엔 에듀] 하루 한 장 '학습지 편' (2021년)

아빠, 새 책이라 좋아하지?

음악을 들으며 소파 위에서 즐겁게 춤추는 딸의 말이 아빠의 염장을 제대로 지릅니다. 딸의 참고서에 남은 공부의 흔적은 앞부분 한 장에 그치고 맙니다. 아들도 크게 다르지 않습니다. 표정이 급변하는 엄마에겐 관심도 없이 그저 게임에 열중하고 있습니다. 그럼 광고 속에 담긴 세 가지 요소를 살펴볼까요?

아래 내용을 읽기 전에 직접 정리해보면 어떨까요?

① 타깃 :
② 니즈 :
③ 솔루션 :

타깃

미래엔의 참고서 마케팅 캠페인입니다. 인구통계학적 타깃인 초등학생을 대상으로 하는 참고서입니다. 하지만 타깃 소비자인 초등학생은 구매 능력이 없기에 미디어 타깃은 초등학생 자녀를 둔 부모에게 맞추어야 합니다. 이에 따라 당연히 제한된 미디어 예산은 타깃이 많이 모여 있는 지역을 우선 커버해야 효율성이 높아집니다.

니즈

두 편의 광고에 나온 두 초등학생은 어떤 공통점을 가지고 있나요? 춤과 게임을 즐기는 그 모습은 지극히 어린이답고 사랑스럽지만, 공부에 도통 관심이 없어 부모는 속이 터질 지경입니다. 두 어린이의 공통점, 즉 문제점(니즈)은 바로 '공부 습관 결여'입니다.

솔루션

미래엔은 기존과 차별화된 공부법을 솔루션으로 제시합니다. 상대적으로 집중 시간이 짧은 초등학생이 느끼는 참고서 한 권의 분량이 주는 지루함 대신, 매일 한 장 분량의 공부를 통해 공부력을 차곡차곡 강화하는 것입니다. 따라서 미래엔이 제시하는 솔루션은 '하루 한 장'입니다.

세 가지 요소를 정리하면 아래와 같습니다.

①	타깃 : 초등학생 (미디어 타깃은 초등학생 학부모)	
②	니즈 : 공부 습관 결여 (용두사미식 공부, 참고서 학습 시 처음에만 반짝)	
③	솔루션 : 하루 한 장 (적당한 분량으로 부담감은 줄이고 성취감은 높이고)	

자, 이번엔 동일한 카테고리의 사례들을 살펴보겠습니다. 바로 피로회복제입니다.

 브랜드 : 광동 비타500
업로드 : 광동제약 유튜브 채널, 2019년 4월 1일
제목 : 광동 비타500 TVC [직장인 편]

오늘도 열일한 당신

예전에 진행한 광동 비타500의 마케팅 캠페인입니다. 한눈에 니즈와 솔루션을 볼수 있습니다. 니즈는 '방전'이며 솔루션은 비타민을 통한 '건강한 충전'입니다. 직장인의 모습을 담고 있지만, 열심히 일하고 방전되는 상황은 특정 집단이 아닌 성인누구라도 해당되기에 타깃보다 니즈, 니즈보다 솔루션이 강조되었습니다.

터줏대감

그런데 우리가 비타500을 접할 때 떠올리는 경쟁 브랜드가 있습니다. 네, 맞습니다. 바로 동아제약의 박카스(Bacchus)입니다. 1961년 시장에 첫선을 보인 이후 60년 동안, 해당 카테고리에서 굳건한 입지를 유지하고 있는 터줏대감과도 같은 브랜드입니다. 대한민국에서 이만큼 오래된, 그러나 여전히 강력한 브랜드는 매우 드물죠.

 브랜드 : 동아제약 박카스BACCHUS
업로드 : 동아제약 유튜브 채널, 2020년 4월 9일
제목 : 당신의 피로회복제 박카스 2020 광고 15초 버전

레전드, 그리고 여전한 강자

박카스는 레전드 브랜드입니다. 그러나 더욱 인상적인 것은 여전히 선두를 유지한다는 사실입니다. 마케팅 캠페인에 대한 느낌은 편안하고, 안정적이고, 따뜻하고, 착합니다. 반면에 다소 심심하고 너무 정직하기도 합니다. 60년을 이어온 브랜드이기에 가능한 느낌입니다. 우선 박카스의 타깃도 모든 성인이라고 할 수 있습니다.

그 자체가 솔루션

박카스의 니즈는 '피로'입니다. 그리고 이에 대한 솔루션이 바로 박카스입니다. 좀 싱겁나요? 그렇게 생각할 수도 있겠지만 박카스에 관한 것은 60년에 걸쳐 거의 모든 성인에게 알려졌기에 신규 마케팅 캠페인마다 구구절절 설명할 필요가 없습니다. 박카스, 그 자체가 솔루션이니까요.

제품 카테고리

마지막 장면에 브랜드 로고와 함께 뜬 자막, 당신의 피로회복제. 이것이 박카스의 힘입니다. 성분을 기준으로 할 때 박카스는 에너지드링크, 비타500은 비타민음료입니다. 사실 다른 카테고리입니다. 하지만 니즈(피로)와 솔루션(회복)을 점령한 박카스의 영향으로 우리는 카테고리를 피로회복제로 규정하기도 합니다.

다른 브랜드를 더 살펴보겠습니다.

브랜드 : 동아오츠카 오로나민C
업로드 : 동아오츠카 유튜브 채널, 2020년 4월 7일
제목 : 2020 오로나민C 송진우 _ 큰소리 뻥뻥 부부 편 15s

박카스와 비타500의 지배력이 절대적이었는데 최근 시장점유율을 늘리며 새로운 강자로 떠오른 오로나민C의 마케팅 캠페인입니다. 영상 하나 더 보시죠.

브랜드 : 동아오츠카 오로나민C
업로드 : 동아오츠카 유튜브 채널, 2020년 4월 28일
제목 : 2020 오로나민C 송진우 _ 큰소리 뻥뻥 헬스장 편 15s

오로나민C는 솔루션에 더욱 집중하고 있습니다. 매우 직관적이며, 솔루션(생기 충전)을 바탕으로 한발 더 나아가 효익(자신감)까지 표현하고 있습니다.

브랜드 : 영진 구론산바몬드
업로드 : 광고대행사 아이디어달리(Idea Dali) 유튜브 채널
제목 : [TVC] 영진 구론산 바몬드 – 마셔 편 15s

거침없이 마셔

니즈는 '큰 피로'입니다. 그리고 이를 위한 솔루션은 '더 큰 피로회복제', 바로 영진 구론산바몬드입니다. 150ml로 경쟁사보다 더 큰 용량을 자랑합니다. 지난 2013년 LG생활건강 자회사인 해태htb가 인수한 후 엄청난 판매 증가를 기록하고 있습니다. 공식 유튜브 채널에 업로드되지 않아 다시 한 번 검색을 위한 제목을 남깁니다.

브랜드 : 고려은단 비타민C 1000
업로드 : 고려은단 유튜브 채널, 2020년 6월 16일
제목 : 2020 _ 마시는 고려은단 비타민C 1000 광고 _ 에어로빅 편
_ 유재석

마지막으로 고려은단 비타민C 1000의 캠페인입니다. 국민 MC 유재석 씨가 경쾌한 음악에 맞춰 에어로빅을 합니다. 흥겨운 노래 속에 니즈와 솔루션이 있습니다.

"피로가 쌓이기 전~ ♬"

이번에도 피로가 니즈 역할을 맡았습니다.

"미리미리 천미리~ ♪"
"마시는 고려은단~ ♩"
"비타민C 1000미리~ ♬"

그리고 유재석 씨가 솔루션을 제시합니다.

"(고려은단) 비타민C 한 병이면 충분합니다."

광동 비타500을 시작으로 고려은단 비타민C 1000까지 피로회복제 카테고리의 주요 경쟁 브랜드의 캠페인을 살펴보았습니다. 표로 정리하면 아래와 같습니다.

브랜드	니즈	솔루션
비타500	방전	건강한 충전
박카스	피로	피로 회복
오로나민C	생기	생기 충전
구론산바몬드	큰 피로	더 큰 피로회복제
고려은단 비타민C 1000	피로	피로 충전

음…

그런데 이렇게 한눈에 놓고 보니 비슷비슷하다는 느낌을 받습니다. 니즈가 조금씩 다르지만 결국 피로로 수렴되는 것을 알 수 있습니다. 피로를 달리 표현한 것이 방전이고, 피로하니 생기가 없는 것이죠. 그보다 큰 피로를 내세우기도 하지만 결국 피로에서 벗어나지 않습니다. 피로를 얘기하면 박카스가 유리하지 않을까요?

박카스의 경쟁자를 두 그룹으로 나눌 수 있습니다. 비타500과 오로나민C는 박카스의 피로를 피해 가고 있습니다. 반면 구론산바몬드와 고려은단 비타민C 1000은 피로 영역에서 박카스와 경쟁하고 있습니다. 마케팅 관점에서 본다면 전자 그룹은 좋은 선택을, 그리고 후자 그룹은 잘못된 선택을 한 걸까요?

마케팅이라면 그럴 수 있습니다. 하지만 그보다 더 상위 개념인 비즈니스 관점에서 본다면 어떨까요? 경쟁자만큼은 아니더라도 같은 니즈와 솔루션을 제시함으로써 매출과 이윤을 창출한다면, 기업에겐 충분히 가치 있는 결정이라 할 수 있습니다. 따라서 단순히 마케팅 관점에서 미투Me-Too 전략이라 평가하지 않았으면 합니다.

4. 신뢰요소Reason-to-Believe

지금까지 우리는 타깃을 정의했고
니즈를 파악했으며 해결책을 제시했습니다.

이제 마지막 퍼즐이 남았습니다.
그것은 바로 신뢰요소입니다.

브랜드는 해결책에 대한 근거를 제시하고
이를 통해 타깃에게 신뢰를 획득해야 합니다.

이유가 필요해

마케팅 활동을 통해 타깃 소비자가 자신의 니즈를 해결하기 위해 나의 제품 또는 서비스를 솔루션(해결책)으로 선택한다는 것은 실로 대단한 일입니다. 그런데 이는 두 가지 사실을 의미합니다. 우선 소비자는 자신의 선택에 대한 납득할 만한 이유를 원합니다. 따라서 기업은 신뢰를 받을 만한 근거요소를 제시해야 합니다.

위대한 착각

우리는 믿습니다. 인간은 이성적이고 논리적이며 그래서 합리적인 판단을 한다고. 하지만 이것은 우리의 위대한 착각입니다. 현실은 그 반대입니다. 우리는 지극히 非이성적이고, 非논리적이며, 그래서 非합리적인 판단을 내리는 경우가 많습니다. 그저 나의 판단과 선택이 합리적이라고 믿는 것이죠. 특히 마케팅 영역에서.

그럴싸한 거리

타깃 소비자는 원합니다. 자신의 판단과 선택을 합리화할 수 있는 소위 '거리(꺼리:이유)'를. 저관여 제품은 생략될 수도 있습니다. 반면 고관여 제품일수록 이러한 신뢰요소가 더욱 필요합니다. 고관여 제품도 결국엔 본인의 취향과 느낌으로 선택할 확률이 높습니다. 고백하건대 저도 그렇습니다. 당신은 어떤가요?

왜 이러는 걸까요?

'인지 부조화 이론(A Theory of Cognitive Dissonance)'이 있습니다.
미국의 사회심리학자 레온 페스팅거Leon Festinger가 1957년에 주창했습니다.

내용은 이렇습니다.
"인간은 자신의 오류를 바로잡기보다는 생각을 바꿔버린다."
한마디로 표현하면 '자기 합리화'입니다.

어떤 상황에서 내린 결론이 기존에 철석같이 믿고 있던 자기 생각과
정면으로 모순될 때, 인간은 합리적인 결론보다는
부조리하지만 자신의 기존 생각에 부합하는 생각을 선택합니다.

어리석은 선택 후 어떻게든 그 선택이 불가피한 것이었다고 믿으려 애쓰며,
명백한 판단 착오였어도 끝까지 자신이 옳았다고 우기기도 합니다.

다음 페이지에서 예를 들어보겠습니다.

A. 형, 주말 알바가 하나 있는데 함께 하실래요?

B. 단순 반복적인 재미없는 일만 아니면 괜찮아. 뭔데?

A. 그런 일이긴 한데…. 데이터 입력하는 일인데, 이틀에 50만 원이에요.

B. 재미없겠는데…. 그래도 주말에 할 일도 없으니 해볼게.

다음 주 월요일

A. 형, 주말에 데이터 입력하느라 고생하셨어요. 재미없었죠?

B. 아니, 단순 반복적인 일인 줄 알았는데 해보니 전혀 그렇지 않더라. 재미있었어.

정말 그랬을까요? 솔직히 선배의 속마음은 이랬을 겁니다.

A. 형, 주말에 데이터 입력하느라 고생하셨어요. 재미없었죠?

B. 그랬지. 그래도 이틀에 알바비 50만 원이 어디야? 다음에도 꼭 알려줘.

선배는 단순 반복적인 일은 하지 않는다는 자신의 평소 생각이나 믿음과는 달리 높은 알바비 때문에 이틀을 투자했습니다. 하지만 알바가 어땠냐는 후배의 질문에 차마 돈 때문에 자신의 믿음에 반하는 일을 했다는 것을 인정하기보다는, 자신이 한 일이 단순 반복적인 일이 아니었다고 믿음으로써 자신의 결정과 행동을 합리화합니다.

그래서 소비자는 흔히 이런 반응을 보이죠.

"비싸서 그런지 확실히 맛이 다르네."
"버터계의 에르메스라고 해서 사봤는데 인생 버터네."
"외제차라 그런지 역시 승차감이 최고네."

소비자는 자신의 결정과 선택을 합리화할 만한 이유를 원합니다.
따라서 기업은 솔루션(선택)에 대한 신뢰요소를 제시해야 합니다.
하지만 그것이 언제나 논리적이거나 과학적이진 않습니다.

"싼 맛에 샀는데 역시 품질이 영 아니네."
"전문 브랜드가 아니어서 그런지 디테일이 떨어지네."
"모르는 브랜드 제품이라 그런지 AS가 엉망이네."

반대로 소비자는 자신의 잘못된 결정과 선택을 쉽게 인정하지 않습니다.
그래서 구매한 제품과 서비스의 취약한 부분을 찾아내 이유로 만들어버립니다.
그리고 그것으로 자신을 납득시키고, 그 때문이라고 믿어버립니다.

이제 여러 사례를 통해 신뢰요소의 중요성을 살펴보겠습니다.

 브랜드 : 에듀윌eduwill
업로드 : 에듀윌 유튜브 채널, 2018년 1월 22일
제목 : 공무원도 공인중개사도 합격은 역시 에듀윌!

"공무원 시험 합격은 에듀윌~ ♬"
"공인중개사 합격 에듀윌~ ♩"

A. 왜 에듀윌이야?
B. 합격자 수가 선택의 기준이거든.
A. 아, 합격자 수 최고기록 에듀윌!

귀에 착!
종합교육기업 에듀윌의 마케팅 캠페인입니다. 귀에 착 감기는 노래는 타깃을 넘어
일반 대중에게도 아주 친숙합니다. 우리는 노래 가사에서 이미 타깃, 니즈, 그리고
솔루션까지 어렵지 않게 파악할 수 있습니다. 합격을 간절히 바라는 공무원 및 국가
자격증을 준비하는 수험생에게 에듀윌이 최선의 선택이라는 내용입니다.

그런데 왜 에듀윌이어야 할까요? 이에 에듀윌은 명확한 이유를 제시합니다.

"합격자 수가 선택의 기준이거든."

자막은 거들 뿐… "단일 교육기관 2016, 2017년 한국기록원 공식 인증"

다만 최고, 최대, 최다, 이런 신뢰요소는 오히려 독(毒)이 될 수도 있습니다. 상실할 경
우 이를 대체할 다른 신뢰요소를 구축하는 것은 그리 간단하지 않으니까요.

브랜드 : 파파존스PAPA JOHN'S
업로드 : 파파존스 유튜브 채널, 2019년 5월 28일
제목 : 파파존스 김희선 15초 TVC 최종

"오! 마이갓~"

아직도 아무 피자나 먹어? 이 질문에 모델 김희선 씨는 위와 같은 반응을 보입니다. 그리고 아메리칸 소울이 가득 차오르는 찐한 맛의 파파존스 피자에 계속 찬사를 이어갑니다.

"잇츠~ 판타스틱! 쏘~ 어메이징!"

하지만 캠페인 영상은 파파존스 피자가 왜 판타스틱하고 왜 어메이징한지 아무런 근거를 제시하지 않습니다. 그래서 왜 아메리칸 소울이 가득 차오르는 찐한 맛인지 타깃 소비자의 공감을 끌어내기에 다소 역부족이라 생각합니다.

그런데 누구는 이렇게 얘기할 수도 있습니다.

"그저 피자일 뿐이고, 맛은 지극히 개인적인데 군이 이유가 필요한가요?"

네, 그렇습니다. 누구든 그렇게 생각할 수 있습니다.

다음은 파파존스의 이후 광고 캠페인입니다. 노래 가사를 잘 들어보세요.

브랜드 : 파파존스PAPA JOHN'S
업로드 : 파파존스 유튜브 채널, 2021년 1월 1일
제목 : 파파존스 21년도 광고 _ 피자맛의 자존심 FW (야미파파)

야미파파Yummy Papa 야미파파Yummy Papa~ ♬
맛있는데 이유가 웬 말~ 야미파파 Yummy Papa~ ♩
내 입맛엔 너만 맞아~ 야미파파 Yummy Papa~ ♬♪

맛있으면 끝?
타깃 소비자가 원하는 것은 좋은 피자, 예를 들면 맛있는 피자입니다. 결국 마케팅을 통해 좋은 피자가 무엇인지 기준을 제시하고 브랜드의 차별화된 가치를 구축해야 합니다. 이를 위해 단지 맛있다는 것을 브랜드 선택의 이유로 내세우는 것은 장기적 관점에서 볼 때 다소 아쉽게 느껴집니다.

아메리칸 피자
영상 끝부분에 자막과 함께 나오는 것이 있습니다. 깊고 진한 아메리칸 피자. 아메리칸 피자? 이것을 브랜드의 차별화 요소로 선택하면 어떨까요? 피자는 이탈리아가 원조이지만 우리가 즐기는 피자는 주로 미국식 피자이기 때문이죠. 하지만 미국식 피자의 특징과 차별화된 가치를 점유한 강력한 브랜드는 아직….

물론 쉽지 않죠. 하긴, 마케팅이 쉬웠던 적이 있던가요?

김치

1995년 11월, 만도기계는 김치의 옛말인 '딤채'란 이름으로 김치냉장고를 출시합니다. 딤채는 단숨에 히트 상품으로 등극하며 김치냉장고 시장을 선도했습니다. 한국의 대표 식품인 김치는 발효와 장기간 보관이 필요하기에, 일반 냉장고가 아닌 보다 특화된 기능을 가진 전문 냉장고의 필요성이 대두되었습니다.

타이밍

물론 김치냉장고 시장의 탄생과 폭발적 성장은 훌륭한 기술력이 바탕이 되었기에 가능했습니다. 하지만 성공엔 반드시 타이밍이란 행운이 따라줘야 합니다. 바로 주거 형태의 변화입니다. 단독주택이 아닌 아파트가 점차 보편화함에 따라, 이제 더이상 마당에 땅을 파고 항아리를 묻어 김치를 보관할 수 없는 시대가 되었습니다.

묻지 않는 질문

시장이 폭발적으로 성장하며 가전산업의 두 거인, 삼성전자와 LG전자도 뛰어들면서 치열한 경쟁이 시작되었습니다. 김치냉장고는 가정의 필수품이 되었고, 우리는 이제 김치를 맛있게 발효시키고 최적의 상태로 오래 보관하며 즐기고 있습니다. 그런데 문득 이런 생각이 들기 시작했습니다. 김치냉장고가 왜 좋은 걸까?

변화의 물결

① 주거 형태의 변화 : 주택에서 아파트로

② 김치 보관의 변화 : 김장독에서 냉장고로

③ 냉장고의 변화 : 일반 냉장고에서 전문 냉장고로

독과점化

주거 형태와 김치 보관의 변화로 인해 김치의 냉장고 보관은 쉽게 거부할 수 없는 환경이 되었습니다. 이로써 시장은 빠르게 성장했고 소비자는 별다른 거부감 없이 김치냉장고를 가정의 필수품으로 받아들이기 시작했습니다. 더구나 경쟁은 국내 브랜드로 국한되었습니다. 외국 브랜드와의 경쟁 자체가 생략되었습니다.

독과점 시장

초기엔 만도기계의 딤채가 시장에서 크게 앞섰지만, 삼성전자와 LG전자가 진입하며 치열한 경쟁을 벌이고 있습니다. 아무래도 외국 브랜드에 김치는 진입장벽이 되었고, 결국 국내 브랜드 간의 독과점 시장이 되었습니다. 김치냉장고가 좋다는 사실을 소비자는 알지만 이를 확실히 증명하는 브랜드는 없었습니다. 대신…

'가전은 역시 LG!'

LG전자를 선호하는 소비자는 LG전자의 김치냉장고 구매가 자연스러웠습니다.

'초일류 기업은 역시 삼성!'

삼성전자를 선호하는 소비자는 삼성전자의 김치냉장고 구매가 자연스러웠습니다.

이것을 '후광효과(Halo Effect)'라고 합니다. 어느덧 김치냉장고가 아닌 기업 브랜드를 고려하는 형국이 되었습니다. 그래서 누구도 김치냉장고가 왜 좋은지 납득할 만한 이유를 제시하고 신뢰를 얻으려 하지 않았습니다. 김치냉장고는 그저 가정의 필수 가전제품 중 하나이며, 막연히 좋다고 믿을 뿐이었습니다. 그런데 드디어…

브랜드 : LG DIOS 김치톡톡
업로드 : LG전자 유튜브 채널(LG전자 Library), 2013년 10월 18일
제목 : LG DIOS 김치냉장고 김치톡톡 TVCF (60s)

"들어보세요."
"이것이 바로 유산균을 살리는 김치 소리."

그래, 유산균!

김치는 발효, 그리고 발효는 유산균. 우리는 알고 있습니다. 발효, 그리고 유산균이 우리 몸에 좋다는 사실을. 그래서 그 대표적인 음식이 김치라는 사실을. 그런데 막연히 그렇다고 알고 있습니다. 아직 실체를 경험하지 못했다는 뜻이죠. LG DIOS는 이 캠페인을 통해 그 실체를 보여주고 김치냉장고에 대한 신뢰를 획득합니다.

브랜드 : LG DIOS 김치톡톡
업로드 : LG전자 유튜브 채널(LG전자 Library), 2016년 11월 10일
제목 : LG DIOS 김치톡톡 TVC - 겨울 편 (30초)

브랜드 : LG DIOS 김치톡톡
업로드 : LG전자 유튜브 채널(LG전자 Library), 2017년 11월 21일
제목 : LG DIOS 김치톡톡 TVC (30초)

브랜드 : LG DIOS 김치톡톡
업로드 : LG전자 유튜브 채널, 2018년 10월 22일
제목 : LG DIOS 김치톡톡 - 일년내내 김치제철 편

브랜드 : LG DIOS 김치톡톡
업로드 : LG전자 유튜브 채널, 2019년 10월 17일
제목 : LG DIOS 김치톡톡 - 매일 김치톡톡 편

브랜드 : LG DIOS 김치톡톡
업로드 : LG전자 유튜브 채널, 2020년 10월 8일
제목 : LG DIOS 김치톡톡 - 냉기 테크놀로지(45초) 편

이후 LG DIOS 김치톡톡은 유산균에 집중하며 오랫동안 마케팅 캠페인을 이어가고 있습니다. 브랜드 또는 마케팅 컨셉을 수시로 변경하는 사례가 빈번한 대한민국 시장에서 오랜 기간 그것을 유지하는 브랜드를 찾기란 생각보다 쉽지 않습니다. LG전자의 결정에 박수를 보냅니다.

이렇게 유산균은 LG DIOS 김치톡톡이 차지하게 됩니다. 이로써 LG전자는 소비자에게 LG DIOS 김치톡톡이 왜 좋은지 확실하게 증명하며 신뢰를 획득합니다.

이쯤에서 우리는 신뢰요소에 관해 이런 생각을 할 수 있을 겁니다.

"신뢰요소는 과학적인 사실에 근거해서 논리적으로 접근해야겠네요."

우리는 지극히 非이성적이고, 非논리적이며, 그래서 非합리적인 판단을 내리는 경우가 많습니다. 앞서 언급한 내용인데, 기억하시죠? 신뢰요소에 대한 우리의 반응도 이러합니다. 과학적인 사실이 바탕이 될 때 신뢰를 보이기도 하지만, 지극히 非과학적이며 非논리적인 경우도 아주 많습니다.

그런데 신뢰요소가 非과학적이며 非논리적인 경우는 아무에게나 허락되지 않습니다. 바로 시장에서 입지가 탄탄한 브랜드만이 누릴 수 있으며, 현실적으로 그런 브랜드는 소수입니다. 따라서 그렇지 못한 대다수의 브랜드는 우선 소비자에게 탄탄한 근거를 제시해 신뢰를 획득하는 것이 필요합니다.

"일요일엔 짜파게티"

농심의 짜파게티는 짜장라면 카테고리의 대표 브랜드입니다. 신라면보다 2년 빠른 1984년에 출시되었고, 80년대부터 마케팅 캠페인을 꾸준히 진행하며 짜파게티와 일요일 사이에 강력한 연결고리를 만들었습니다. 수많은 소비자는 어린 시절부터 동요처럼 익숙하게 듣고 흥얼거렸던 멜로디가 있습니다. 혹시 기억하시나요?

"짜라짜라짜 짜짜짜 짜~파게티! 농심 짜파게티!"

그리고 "일요일엔 내가 짜파게티 요리사"라는 메시지를 통해 일요일엔 진짜 그래야 할 것 같은 기분이 들게 했습니다. 오늘날 짜파게티는 여전히 짜장라면 카테고리의 절대강자입니다. "나, 짜파게티야!" 지극히 非과학적이고 非논리적이지만, 그 어떤 것보다 더 강력한 신뢰요소가 되었습니다.

짜파게티 사례도 좋았지만 아무래도 글로만 설명하다 보니 개인적으로 2% 부족한 느낌이라 동영상과 함께 하나 더 소개하겠습니다. 이번엔 버거(Burger)입니다.

버거는 만만하다?

버거는 대중이 즐기는 대표적인 음식입니다. 왜 그럴까요? 여러 이유가 있겠지만 부담 없는 가격이 큰 이유라고 생각합니다. 그런데 2000년대 초반에 이상한 녀석이 등장합니다. 버거에 대한 고정관념에 과감히 도전하며 많은 사랑을 받습니다. 기억하시나요? 바로 크라제버거(Kraze Burgers)입니다.

욕망의 버거

인간은 쌓는 것을 좋아하며 이를 통해 높이 오르고 싶은 욕망을 표출해왔습니다. 바벨탑, 피라미드, 고딕 성당, 그리고 고층 빌딩까지. 오늘날 그 욕망은 버거에도 반영되었습니다. 일반적인 버거와 달리 크라제버거에서 판매하는 버거는 높이부터 남달랐습니다. 무너지지 않도록 칼 모양의 플라스틱 이쑤시개를 꽂아야 했습니다.

덕분에 우리는 경건한 마음으로 포크와 나이프를 들고 버거를 썰기 시작했습니다.

프리미엄 수제버거

소비자는 남다른 자태의 크라제버거에 열광했고, 만 원에 육박하는 비싼 가격에도 불구하고 흔쾌히 지갑을 열었습니다. 그리고 우아한 모습으로 포크와 나이프를 들고 두툼한 비프 스테이크를 썰 듯 크라제버거를 즐기기 시작했습니다. 마침내 버거는 귀족으로 신분 상승을 이루었습니다. 이름하여 '프리미엄 수제버거'.

한여름밤의 꿈

크라제버거는 고급화 전략으로 외식업계의 성공 신화를 쓰며 해외 시장으로 진출하며 성장세를 이어갔습니다. 하지만 해외 진출, 업종 전환, 우회상장 시도 등 무리한 사업 확장으로 인해 서서히 기울기 시작했습니다. 회생을 위한 여러 노력이 있었지만, 결국 2017년에 크라제버거는 파산하고 말았습니다.

응답하라 맥도날드!

소비자는 2000년대 크라제버거의 급성장을 보며 기존의 버거 프랜차이즈 브랜드의 반응을 기대했을 것입니다. 하지만 특별한 반응은 없었습니다. 신경 쓰이던 크라제 버거가 결국 사라졌습니다. 그런데 그것이 끝이 아니었습니다. 이미 수많은 수제버거 전문점이 전국을 뒤덮은 상태였습니다. 수제버거는 이제 일상이 되었습니다.

맥도날드 시그니처 버거

어느덧 수제버거는 프리미엄 버거를 대표하는 카테고리로 성장했습니다. 소비자의 니즈는 이미 외면하기엔 너무 커져버렸습니다. 맥도날드는 응답하기로 결정합니다. 2015년 8월 14일, 시그니처 버거를 서울 신촌점에서 첫 출시합니다. 이후 출시 매장 수를 점차 늘려갔고, 마침내 2017년 3월 31일, 전국 매장으로 확대합니다.

다음은 맥도날드가 진행한 시그니처 버거의 마케팅 캠페인입니다. 아쉽지만 아래 론칭 캠페인은 맥도날드 유튜브 채널에 업로드되지 않아 검색을 위한 제목을 남깁니다. 직접 검색하기가 여의치 않다면 두 번째 캠페인을 봐도 괜찮습니다. 메시지와 신뢰요소는 론칭 캠페인과 동일합니다.

브랜드 : 맥도날드 시그니처 버거
업로드 : 광고대행사(PublicisOne) 유튜브 채널
제목 : 맥도날드 시그니처 버거 1

브랜드 : 맥도날드 시그니처 버거
업로드 : 한국 맥도날드 유튜브 채널, 2018년 11월 19일
제목 : I Guarantee, McDonald's Signature Burger!

수제버거 카테고리에 맥도날드가 던진 출사표, 시그니처 버거. 두툼한 순소고기 패티, 구운 버섯과 양파, 프리미엄 베이컨, 그리고 1+ 등급 계란까지. 기존의 맥도날드 버거에선 경험하지 못한 재료로 고급스러운 자태를 뽐냅니다. 프리미엄 버거임을 쉽게 감지할 수 있습니다. 영상에서 다니엘 헤니의 친구는 묻습니다.

"비법이 뭘까?"

그리고 다니엘 헤니는 마치 기다렸다는 듯 그 이유를 얘기합니다.

"60 Years(60년 노하우)!"

네, 맥도날드가 제시한 신뢰요소는 다름 아닌 60년 노하우였습니다.

"와, 60년. 역시 맥도날드. 버거의 전문가!"
"뭐야. 그냥 60년 노하우? 특별할 것도 없잖아."
"맛이 중요하지. 나는 일단 먹어보고 판단할래."
"맛있네. 그런데 가격이 좀 비싼 것 같아."
"이만한 가격에 수제버거를? 역시 맥도날드!"

소비자의 반응은 이처럼 다양할 것입니다. 기본적으로 음식과 그 맛에 대한 판단은 개인의 취향에 좌우됩니다. 하지만 60년의 노하우가 만족스러운 버거의 비결(신뢰요소)이라는 것은 확실히 과학적 또는 논리적 접근은 아니라고 하겠습니다. 이렇듯 기업과 소비자의 시각 차이가 발견되는 지점이 바로 신뢰요소입니다.

오늘도 수많은 브랜드가 소비자에게 외칩니다.

최신 공법으로 만들어 더욱 새로워진 ○○!
초콜릿이 1mm 더 두꺼워져 맛이 깊어졌습니다.
○○ 성분이 2배 강화되어 얼룩 제거 효과 상승!

하지만, 소비자의 반응은 대개 브랜드만큼 격렬하지는 않습니다.

최신 공법? 뭐가 새로운 것인지 난 모르겠는데.
1mm? 글쎄 맛의 차이를 딱히 모르겠는데.
세탁 세제는 다 비슷해서 특별한 차이를 모르겠는데.

남자는 거울에 비친 자신의 모습에 실제보다 후한 점수를 줍니다.
마케팅에 있어서 신뢰요소도 이와 같다고 할 수 있습니다.

브랜드는 자신에게 소비자가 생각하는 것보다 후한 점수를 줍니다.
자신이 제시하는 신뢰요소를 과대평가하기 때문입니다.

브랜드는 뭔가 특별한, 그래서 차별화된 신뢰요소를 제공하길 원합니다.
그것은 마치 팀을 이끄는 스타 플레이어를 보유하는 것과 같습니다.

분명히 팀에게 유리하지만, 그것이 승리를 보장하는 것은 아닙니다.
즉, 스타 플레이어가 없는 팀이라도 승리할 기회는 분명 존재합니다.

브랜드가 제시하는 신뢰요소는 대부분의 경우 지극히 평범합니다.
그럼에도 불구하고 소비자에게 통하는 경우가 드물게 발생합니다.

그 불리한 상황을 극복하게 하는 유일한 힘, 그것이 바로 Creativity입니다.
그리고 캠페인의 성패 여부를 결정하는 절대자, 그것이 바로 소비자입니다.

두 브랜드의 치열한 경쟁. 과연 시장의 반응은 어땠을까요? 잠시만 기다려주세요.

잊지 않으셨죠? 앞서 88페이지를 마무리하며 쓴 문장입니다. 비빔면 시장의 절대강자 팔도비빔면, 그리고 이에 도전하는 농심 칼빔면. 불꽃 튀는 비빔면 대전(大戰)의 결과는 어찌되었을까요? 그리고 그걸 지켜보던 다른 업체들은 그냥 가만히 지켜만 보고 있었을까요?

못 찾겠다 꾀꼬리

농심 칼빔면의 도전을 관심 있게 지켜보고 있었지만, 개인적으로 비빔면을 그렇게 자주 먹지는 않기에 구매는 차일피일 미루고 있었습니다. 그러던 어느 날 아내와 함께 집에서 가까운 이마트에 갈 기회가 생겼고, 라면 진열대에서 칼빔면을 찾았지만 없었습니다. 이런! 농심 칼빔면은 시장에서 이미 사라진 상태였습니다.

와신상담(臥薪嘗膽)

깜짝 놀라 스마트폰으로 검색해보니 농심은 출시 1년 만인 2021년 3월 칼빔면의 생산을 중단했습니다. 농심 같은 대기업이 그렇게 일찍 시장에서 물러난다는 것은 매우 이례적인 일입니다. 국내에선 보기 드문 그런 용기 있는 결정에 대단하다고 생각한 것도 잠시, 농심의 도전은 계속되었습니다. 이번엔 '배홍동'입니다.

브랜드 : 농심 배홍동
업로드 : 농심 유튜브 채널, 2021년 3월 11일
제목 : 비빔면 장인 '유재석' 등장! '농심 배홍동 비빔면'

브랜드 : 농심 배홍동
업로드 : 농심 유튜브 채널, 2021년 3월 24일
제목 : 비빔면의 장인 '배홍동 유'씨의 '배홍동 비빔면 비법장'

첫 번째 영상, 칼빔면의 실패에도 불구하고 농심의 패기는 더욱 불타오릅니다.

제가 바로 비빔면 장인 '배홍동 유씨'!
비빔면의 라이징 스타~
비빔면은 이걸로 끝장을!

두 번째 영상에서 유재석 씨가 맛을 본 후 감탄합니다. "맛깔나게 매콤~ 새콤!"
그리고 곧바로 옆에 있는 배홍동 유씨에게 묻습니다. "이거 비법이 뭐예요?"

기다렸다는 듯 배홍동 유씨는 깨방정을 떨며 비법을 공개합니다.

"제가 전국 맛집을 다 다니면서 비교 분석한 결과 배, 홍고추, 그리고 동치미로 맛을
낸 비법장을…"

농심은 이 비법장(신뢰요소)에 대한 자신감이 대단한 것 같습니다. 아예 브랜드 이름
을 배홍동이라 짓고 전면에 내세워 소비자에게 다가갑니다. 2021년 3월 11일 출시
후 판매 성적이 좋습니다. 4주 만에 700만 개, 3개월 만에 1,900만 개, 그리고 4개월
만에 2,500만 개를 판매하며 순항하고 있습니다.

또 하나의 경쟁자

라면의 황제답지 않은 쓰디쓴 실패를 경험하고 이제 겨우 비빔면 시장에 안착한 농심과 달리 성공적인 출시로 소비자에게 사랑받는 비빔면이 있었으니, 바로 오뚜기 진비빔면입니다. 농심 칼빔면과 거의 비슷한 시기에 출시됐으며, 신뢰요소를 전면에 내세워 마케팅 캠페인을 전개했습니다.

브랜드 : 오뚜기 진비빔면
업로드 : 오뚜기 유튜브 채널, 2020년 4월 6일
제목 : 오뚜기 진비빔면 티저 영상 공개

백사부의 거침없는 면치기가 끝나기도 전에 입안의 질문이 새어 나오려 합니다. 겨우 진정하는 백사부, 그리고 그제야 침착하게 소스의 비법에 관해 묻습니다.

"이것은 설마… ○○○○ 소스가 들어갔어요?"

그리고 감탄과 아쉬움이 섞인 혼잣말로 티저 영상을 마무리합니다.

"어~ 아이디어 좋은데. 왜 이 생각을 못 했지?"

이렇듯 오뚜기 진비빔면은 백사부도 만족하는 맛의 비법은 묶음으로 처리한 소스(신뢰요소)에 있다는 사실을 앞세우며 티저 캠페인을 시작합니다. 그리고 그로부터 나흘 후(유튜브 채널 기준) 드디어 소스의 비법을 공개합니다.

브랜드 : 오뚜기 진비빔면
업로드 : 오뚜기 유튜브 채널, 2020년 4월 10일
제목 : 오뚜기 진비빔면 광고 영상 (30초)

다시 한 번 거침없는 면치기! 그리고 만족스런 미소를 머금은 백사부의 맛 평가.

"시원하게 매콤하네."

드디어 베일을 벗는 소스의 비법!

"역시 타마린드가 포인트야."

백사부

소스의 비법은 타마린드로 밝혀졌습니다. 그리고 진비빔면 캠페인엔 강력한 신뢰요소가 또 하나 있습니다. 바로 백사부, 백종원 씨입니다. 그는 대한민국에서 가장 사랑받는 요리 관련 셀럽 중 한 사람입니다. 음식과 관련한 그의 말은 신뢰도가 남다를 수밖에 없습니다. 소비자는 그의 말과 행동에 항상 관심을 기울입니다.

백사부, 그는 2021년도 캠페인도 함께합니다.

 브랜드 : 오뚜기 진비빔면
업로드 : 오뚜기 유튜브 채널, 2021년 3월 12일
제목 : 올여름 백사부 추천 맛집, 오뚜기 진비빔면~!!

 브랜드 : 오뚜기 진비빔면
업로드 : 오뚜기 유튜브 채널, 2021년 3월 19일
제목 : [오뚜기 진비빔면] 백사부의 어쩌다 찐플렉스

"만약 이 세상에 타마린드가 없었더라면 우스터 소스, HP 소스, 수많은 처트니,
그리고 거의 모든 열대 지방의 수없이 많은 커리 또한 존재하지 않았을 것이다."

네이버를 통해 타마린드를 검색해봤는데 대단한 녀석이었습니다.
하지만 대다수의 소비자는 굳이 저처럼 검색하지 않을 가능성이 높습니다.

오뚜기가 만들고 백사부가 추천하니 그것으로 충분할지도 모릅니다.
그러나 소비자는 자신의 선택을 합리화해줄 좀 더 그럴듯한 이유를 원합니다.

"타마린드 소스래. (그런데 타마린드가 뭐냐고 묻지는 말아줘.)"
"처음 듣지만 좋은 건가 보네. (나도 굳이 검색까지 하진 않을래.)"

소비자는 자신의 선택에 대한 근거와 이유를 찾고 있습니다.
근사할 수도 있고 그렇지 않을 수도 있는 것, 바로 신뢰요소입니다.

UNIT 5

메시지 MESSAGE

타깃, 니즈, 솔루션, 그리고 신뢰요소.
어찌 보면 평범한 이 네 가지 요소가 왜 중요할까요?

멋진 집을 짓기 위한 기초 공사이기 때문입니다.
그리고 이 멋진 집이 바로 마케팅 메시지입니다.

매직은 없다

결국 브랜드는 마케팅을 통해 타깃 소비자에게 메시지를 어필합니다. 그런데 우리는 이 메시지란 것이 아무것도 없는 것에서 갑자기 툭 튀어나오는 아이디어라고 생각하는 경향이 있습니다. 사실 그런 부분도 없진 않지만, 단언컨대 메시지는 결코 매직이 아닙니다. 오히려 탄탄한 사전 작업의 결과라고 할 수 있습니다.

사전 작업은 다음과 같은 것을 의미합니다.

① Context : 전반적인 상황과 맥락 이해
② Research : 다양한 관점의 조사와 분석
③ Trend : 현재 일어나는 현상을 이끄는 추세
④ Insight : 미처 생각 못 한 사실을 찾아내는 통찰력

즉, 메시지는 사전 작업을 바탕으로 베이직 포를 규정하고, 이 모든 것이 숙성되어 개발되는 것이라 할 수 있습니다. 그런데 현업에서의 오랜 경험을 바탕으로 솔직히 고백하자면, 메시지 개발은 이 모든 단계를 거치지 못하는 또는 거치지 않는 경우가 많습니다. 최상의 시나리오가 허락되는 경우는 매우 드물죠.

메시지를 개발하기 위해서 넘어야 할 허들은 많습니다. 맥락을 충분히 거시적이고 입체적으로 이해하기란 쉽지 않습니다. 조사는 원하는 데이터와 자료를 제공하지 않습니다. 트렌드가 아닌 유행에 속기 쉽습니다. 그리고 인사이트를 발견하는 것은 정말 어렵습니다. 그만큼 마케팅이란 녀석은 결코 만만한 상대가 아닙니다.

그렇다면 어떤 메시지가 타깃 소비자에게 어필할까요? 개념적으로 단순화하면 강력한 메시지입니다. 강력한 메시지는 무엇일까요? 정답은 없습니다. 사람마다 생각하는 정의는 다르겠지만, 저는 세 가지를 제안하고자 합니다. 정답이 아닌 하나의 출발점으로 생각해주기 바랍니다.

첫째, 하나의 메시지(Single-minded Message)
둘째, 남다른 메시지(Differentiated Message)
셋째, 나만의 메시지(Ownable Message)

한 가지 첨언하자면, 이 세 가지는 서로 배타적이지 않습니다.
서로 겹치는 영역이 존재합니다. 이제 각각의 사례를 보겠습니다.
다시 말씀드리지만 하나의 출발점으로 생각하기 바랍니다.

1. 하나의 메시지 Single-minded Message

너무 당연하다고요? 그런데 이 당연한 것을 지키기가 생각만큼 쉽지 않습니다. 기업은 팔이 자꾸만 안으로 굽기 때문입니다. 거듭 말씀드리지만, 기업은 소비자와 다른 시각으로 자사가 보유한 브랜드를 바라봅니다. 하나의 메시지를 전하라는 것은 너무 가혹하다고 생각합니다.

따라서 욕심을 버리기가 쉽지 않습니다. 기업은 A와 B를 함께 전달하길 원하기에 두 가지를 묶어서 하나의 메시지로 만들고자 합니다. 가끔은 기업도 그것이 두 가지라는 사실을 알면서도 욕심을 쉽게 버리지 못합니다. 그런데 사실 아주 드물게 두 가지 메시지를 하나로 풀어내는 경우가 있긴 합니다.

그런 경우, 하나로 풀어내는 주체는 협력 에이전시(주로 광고대행사)입니다. 에이전시 입장에서도 기업 측의 욕심에 어려움을 느낍니다. 의견을 제시하지만 기업이 계속 고집하면 현실적으로 따를 수밖에 없습니다. 높은 기대를 충족하기 위해 에이전시는 아이디어를 기획하지만, 성공 확률은 현실적으로 높지 않습니다.

기업의 상황 판단이 문제일까요? 아니면 에이전시의 역량이 문제일까요?

우리도 소비자로서 일상에서 이와 비슷한 상황을 경험합니다.

"싸고 좋은 것은 없다."

좋으면서 가격도 저렴한 것을 싫어할 사람은 거의 없습니다. 하지만 그런 제품과 서비스를 만날 확률이란…. 수많은 소비를 경험하며 우리는 비로소 깨닫습니다. 그리고 위와 같이 인정합니다. 그런데도 쉽게 포기하지 못합니다. 아주 드물지만 싸고 좋은 것을 한두 번씩 경험했기 때문입니다. 이제 사례를 보시겠습니다.

브랜드 : 종국이두마리치킨
업로드 : 종국이두마리치킨 유튜브 채널, 2017년 4월 18일
제목 : 종국이 두 마리 치킨

A. 메시지는 뭘까요?

Q. 달달한 양념 맛? 그리고 짭조름 간장 맛이었던가? 맞나? 또 뭐가 있었나…?

A. 이 캠페인의 메시지는 바로 '종국이두마리치킨'입니다.

Q. 네? 그건 그냥 브랜드 아닌가요? 그게 어떻게 메시지가 되죠?

목적Objective

현재 대한민국은 수많은 치킨 프랜차이즈 간에 전쟁이 벌어지고 있습니다. 전문 브랜드, 시장에서 만나는 이름 없는 치킨, 길거리 트럭에서 파는 전기구이 통닭까지 헤아릴 수 없이 많습니다. 소위 전국구 브랜드를 꿈꾸는 프랜차이즈 기업에게 가장 시급한 것은 다름 아닌 브랜드를 소비자에게 인식시키는 것이라 할 수 있습니다.

대구에 본사를 두고 성장한 종국이두마리치킨은 마케팅 캠페인의 목적을 정확히 알고 있습니다. 중독성 높은 노래를 통해 영상에서 브랜드를 무려 10회 이상 반복합니다. 마케팅의 목적은 멋지고 화려한 것이 아닌 지금 단계에서 브랜드에 가장 필요한 것이어야 합니다. 종국이두마리치킨은 정확한 목적을 알고 있었습니다.

기업은 이런 것을 원하죠.

그리고 말하죠.

이것은 둘이 아닌 하나라고.

"클래식하지만 캐주얼한"

"럭셔리하지만 대중적인"

"근육질이지만 슬림한"

"청순하지만 섹시한"

"바보 같지만 천재적인"

"음⋯, 한 듯 안 한 듯"

에이전시Agency는 이렇게 반응하죠.

그것은 하나가 아닌 둘이라고.

하지만 기업은 계속 요구합니다.

"둘을 합쳐서 하나로 해주세요.(1+1=1)"

"그건 공존할 수 없습니다.(1+1=2)"

이게 말이 안 돼야 하는데…

드물게 둘을 합친 돌연변이가 존재합니다.

(울먹이며) 도대체 어쩌라는 겁니까?

2. 남다른 메시지Differentiated Message

LG TROMM 세탁기 광고 I , 2002년

"그이 승진했을 때 사준 셔츠예요.
왠지 좋은 데 갈 땐
늘 이 옷만 찾아요.
깨끗하게 오래오래 입으라고
꼭 트롬으로 세탁합니다."

오래오래 입고 싶어서, 트롬TROMM

LG TROMM 세탁기 광고 II, 2002년

"왠지 이 바지만 입으면
다들 한 번씩 더 쳐다봐요.
너무 잘 어울려서
깨끗하게 오래오래 입으려고
꼭 트롬으로 세탁합니다."

오래오래 입고 싶어서, 트롬TROMM

업로딩Uploading

세탁기는 필수 가전제품 중 하나로서 삼성전자와 LG전자가 국내 시장을 거의 양분하고 있습니다. 예전엔 세탁기 윗면에 설치된 뚜껑을 열어 세탁물을 넣는 방식, 즉 업로딩(Uploading) 방식의 세탁기만 판매되었습니다. 그런데 1990년대 중반부터 새로운 형태의 세탁기가 국내에 수입되며 시장이 형성되기 시작했습니다.

프런트 로딩Front Loading

바로 드럼 세탁기입니다. 기존 업로딩 방식의 세탁기보다 기술적으로 앞서는 것이었습니다. 특히 정면에 설치된 동그란 문을 열어 세탁물을 넣는 프런트 로딩(Front Loading) 방식이 소비자의 시선을 사로잡았습니다. 그러던 2001년, 수입 브랜드가 주도하던 드럼 세탁기 시장에 드디어 LG전자와 삼성전자가 뛰어들었습니다.

기술이 전부

프런트 로딩 방식의 드럼 세탁기는 업로딩 방식의 소위 통돌이 세탁기보다 기술적으로 더 나은 방식입니다. 하지만 대중화를 위해서는 소비자의 심리적 장벽을 넘어야 했습니다. 왜 더 비싼 가격을 지불하고 드럼 세탁기를 구매해야 하는가? 브랜드 입장에선 드럼 세탁기의 대중화를 위해 반드시 이 질문에 답을 해야 했습니다.

남다른 메시지

오랫동안 세탁기는 성능에 치우친 메시지가 전부였습니다. 하지만 LG전자는 과감하게 시각을 전환해 타깃 소비자의 마음을 읽고 강력한 인사이트를 바탕으로 남다른 메시지를 던졌습니다. "당신이 아끼는 옷, 당신에게 의미 있는 옷, 오래오래 입기 위해 트롬으로 세탁하세요." 드디어 드럼 세탁기 시대가 활짝 열렸습니다.

개인 유튜브 채널에 업로드되어, QR코드가 아닌 동영상 제목으로 대체합니다.
- LG TROMM I : LG전자 드럼세탁기 트롬LG TROMM TVCF CM 변정수
- LG TROMM II : 트롬 스팀 하나로 편

3. 나만의 메시지Ownable Message

SAAB was founded by 16 aircraft engineers.

And their spirit lives on.

BORN FROM JETS

다른 유전자

개인적으로 가장 강력한 메시지는 누구도 가져갈 수 없는, 오롯이 나만이 가질 수 있는 메시지라고 생각합니다. 태생적으로 남다른 유전자를 가진 브랜드는 유리한 위치를 차지할 가능성이 높습니다. 이런 이유로 브랜드는 저마다 탄생에 관한 뭔가 독특한 내용을 발견해 자신만의 스토리로 만들어내고자 노력합니다.

사브SAAB

최근 국내에서 폭발적인 인기를 끌고 있는 볼보Volvo와 함께 한때 스웨덴을 대표하던 자동차 브랜드가 있었습니다. 바로 사브SAAB입니다. 사브는 16명의 항공기 엔지니어가 설립한 매우 개성 넘치는 자동차 브랜드로서, 항공기 관련 기술을 자동차에 접목했고 특히 터보 엔진을 적용해 탁월한 퍼포먼스로 유명했습니다.

Born from Jets

그러나 사브는 전통을 지나치게 고수하고 시대의 흐름을 따르지 않는 등 다양한 이유가 겹치며 점차 쇠락하기 시작했고, 결국 2000년에 GM에 완전 매각되었습니다. 2000년대 중반 사브는 "Born from Jets"라는 멋진 마케팅 캠페인을 미국 시장에서 전개했고, 이는 어느 경쟁 브랜드도 흉내낼 수 없는 사브만의 멋진 메시지였습니다.

SAAB was founded by 16 aircraft engineers.
And their spirit lives on.

사브는 16명의 항공기 엔지니어가 설립했습니다.
그리고 그 정신은 여전히 살아있습니다.

이제 역사 속으로 사라진 비운의 브랜드 SAAB, 유튜브 영상으로 확인하세요.

- Born from Jets I : SAAB 95 head to head ad 2006
- Born from Jets II : SAAB 93 reborn ad 2007

하나의 메시지

남다른 메시지

나만의 메시지

네, 알겠습니다. 그런데 궁금한 게 하나 있어요.

마케팅 캠페인은 하루에도 엄청나게 쏟아지는데

왜 소비자에게 인상적인 메시지는 드물까요?

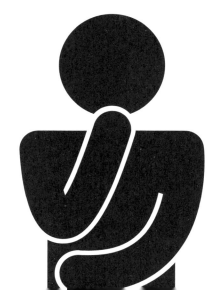

그것은 대부분의 메시지가

팩트Fact이기 때문입니다.

매일 쏟아지는 수많은 마케팅 캠페인,

그 메시지는 세 종류로 나눌 수 있습니다.

양(量)을 기준으로 쌓아 올리면

메시지 피라미드가 됩니다.

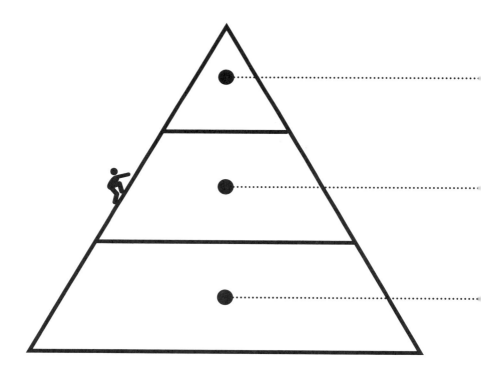

메시지 피라미드MESSAGE PYRAMID

❸ 가치Value : 타깃 소비자에게 어떤 가치를 제공하는가?
- 소비자의 시각 및 입장 주로 반영
- 물리적 또는 심리적 효익(效益)을 고려해 접근

❷ 의미Meaning : 그 팩트는 어떤 의미를 지니는가?
- 기업 또는 소비자 시각으로 접근 가능
- 팩트를 바탕으로 해석

❶ 팩트Fact : 브랜드는 어떤 사실을 전달하는가?
- 기업의 시각 및 입장 주로 반영
- 기능, 속성, 특징, 뉴스, 주장 등

하루에도 수많은 마케팅 메시지가 쏟아집니다.
하지만 대부분 기업 입장의 일방적인 메시지입니다.
그래서 우리의 귀에 잘 들어오지 않습니다.

급변하는 세상을 살아가는 우리 현대인은 항상 바쁩니다.
아니, 바쁘지 않아도 바쁘다고 믿습니다.
그래서 우리의 입장을 얘기하는 메시지에 더 끌립니다.

아, 그런데 오해는 말아주세요.
메시지 피라미드는 우열의 개념이 절대 아닙니다.
지금 필요한 메시지를 사용하는 것입니다.

그럼 사례를 하나 소개할까 합니다.
앞서 종국이두마리치킨이 등장했습니다.
이번엔 맥주가 나오면 좋을 것 같습니다.

독과점 시장

자본주의를 이끄는 중요한 동력 중 하나는 다름 아닌 경쟁입니다. 치열한 경쟁을 이겨내고 시장 지배력을 누리는 소수의 기업에 우리는 소비를 통해 찬사와 경의를 보냅니다. 그런데 인간이란 참… 시간이 흐를수록 소수 기업이 지배하는 독과점 시장에 지쳐 갑니다. 그리고 서서히 다른 곳으로 눈을 돌리기 시작합니다.

개성 × 취향 × 문화

독과점 시장은 활력을 잃어 권태롭습니다. 특히 브랜드의 개성과 소비자의 취향이 결합하여 하나의 문화까지 형성하는 비즈니스는 말할 것도 없습니다. 그 대표적인 것 중 하나가 바로 맥주입니다. 잘 아시다시피 국내 맥주 시장은 오랫동안 두 주류 기업의 시장 지배력이 절대적이었습니다. 오비OB맥주, 아니면 하이트HITE맥주였죠.

싹트는 아쉬움

선택의 범위가 두 개뿐인 상황이 지속되며 소비자는 점차 지쳐 갔습니다. 동시에 해외 여행 중 다양한 국가의 맥주를 접하며, 사람들은 소위 국산 맥주에 대해 아쉬움이 싹텄고 급기야 맛에 대한 평가도 달라지기 시작했습니다. 그리고 이는 소비자의 관심이 차츰 수입 맥주 시장으로 향하도록 만들었습니다.

Fiery food, boring beer

A dull duopoly crushes microbrewers

THEIR cuisine is one of the world's most exciting. South Korean diners would not tolerate bland kimchi(cabbage pickled in garlic and chili) or sannakji(fresh chopped octopus, still wriggling on the plate). So why do they swill boring beer?

Local brews such as Cass and Hite go down easily enough(which is not always true of those writhing tentacles with their little suction cups). Yet they leave little impression on the palate. Some…

공공연한 비밀

2000년대에 이미 수입 맥주는 200개 이상의 브랜드가 국내에 들어왔고, 젊은 세대를 중심으로 인기가 올라갔습니다. 물론 여전히 국산 맥주의 시장점유율은 비교할 수 없을 만큼 압도적이었죠. 하지만 그들의 국산 맥주에 대한 식어버린 반응은 무시하기 어려운 것이었습니다. "국산 맥주는 맛이 별로인 것 같아."

대동강 맥주보다 못한 국산 맥주

그러던 2012년 11월 24일, 영국 시사주간지 〈이코노미스트Economist〉의 한국 주재 특파원이 쓴 기사 하나가 화제가 되었습니다. 맛있는 한국 요리와 달리 국산 맥주는 인상적이지 않다고 냉정하게 평가합니다. 많은 소비자가 공감하지만 감히 공론화하지 못했던 내용, 마침내 고양이 목에 방울 달기가 성공했습니다.

맛은 충분히 훌륭

그런데 국산 맥주에 대한 수많은 국내외 전문가의 평가는 호의적이었습니다. 맞습니다. 국산 맥주의 문제는 품질이 아닌 다양성 부재에 있었습니다. 하지만 국내 맥주 시장은 유통 및 세금 관련 법률이 유연하지 않았고, 특히 장치산업으로서 거대한 자금이 필요했기에 진입장벽이 높았던 것 또한 사실이었습니다.

제3의 맥주

그로부터 17개월이 지난 2014년 4월, 드디어 국산 맥주 시장에 새로운 경쟁자가 진입합니다. 다름 아닌 롯데그룹. 예전부터 맥주 사업에 진출할 기회를 엿보았고 실제로 OB맥주 인수전에 뛰어들었지만 가격 차이로 두 번이나 뜻을 접었습니다. 그러다 결국 롯데주류를 통해 3년간 개발한 맥주로 시장에 직접 뛰어듭니다.

브랜드 : 클라우드Kloud
업로드 : 롯데칠성 주류 유튜브 채널, 2014년 5월 23일
제목 : Kloud(클라우드) TV-CF, 전지현 편

클라우드가 최우선으로 해야 할 것은 자신이 카스(Cass)와 하이트(HITE) 대비 차별점이 무엇인지 명확하게 어필해야 합니다. 두 맥주 브랜드가 양분하고 있는 철옹성 같은 시장을 흔들어야 합니다. 위에 삽입된 QR코드를 통해 마케팅 캠페인을 세 번 연속해서 보기 바랍니다. 아래 카피 중 어느 메시지가 가장 중요할까요?

"100% 맥즙 발효 원액 그대로, 물 타지 않았다."
"그래서 클라우드를 리얼(Real)이라 부른다."
"물을 타지 않는 오리지널 그래비티 공법의 Real 맥주, 클라우드!"

사실 론칭 캠페인이고 동시에 신규 진입 기업의 첫 번째 맥주 브랜드이기에 카피에 담긴 내용이 전부 중요하다고 볼 수 있습니다. 메시지 피라미드는 아래와 같습니다.

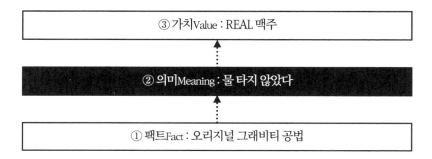

우선 우리는 내부자가 아니기에 롯데에서 위의 메시지 피라미드를 고려해서 카피 작업을 했는지 여부는, 아쉽지만 알 수 없습니다. 다만 외부자 입장에서 캠페인을 한 번 해석해보는 것이라 생각해주기 바랍니다. 저는 론칭 캠페인 영상에서 가장 중요한 메시지는 바로 ②번, '물 타지 않았다'라고 생각합니다.

Q. 저는 ③번, 'REAL 맥주'가 가장 중요한 메시지라고 생각하는데요?
A. 네, 그렇게 해석할 수도 있습니다. 동의합니다.

Q. 그럴 경우 ①번은 신뢰요소가 되지 않나요?
A. 맞습니다. 그리고 사실 ②번 역시 신뢰요소가 됩니다. 즉, 물을 타지 않는 것이 오리지널 그래비티 공법의 결과이기 때문입니다. 모두 의미가 있는데 이제 브랜드 입장에서 교통정리가 필요합니다. 아쉽지만 REAL 맥주가 메시지가 될 경우, 좋다는 것은 추상적이며 다소 모호합니다.

Q. 그래도 오리지널 그래비티 공법이란 신뢰요소가 있으니 괜찮지 않을까요?
A. 네. 하지만 ②번이 쉽고 구체적이라 가장 기억에 남을 핵심 메시지가 됩니다.

결국 ②번

소비자가 복잡하고 어려운 내용에 관심을 보일 가능성은 매우 낮습니다. ①번 오리지널 그래비티는 뭔가 있어 보이지만, 제조 공정에 관한 것이기에 자세한 내용엔 관심을 기울이지 않을 것입니다. ③번 REAL 맥주는 추상적인 개념에 머물러 있습니다. ②번 물 타지 않았다는 사실이 쉽고 직관적이라 기억에 남습니다.

신규 브랜드를 접하는 소비자의 자세

처음 출시하는 브랜드이기에 한 번에 모든 내용을 소화하기엔 다소 벅찰 수 있습니다. 그래서 한 번이 아닌 세 번 정도 시청하기 바랍니다. 새로운 브랜드를 출시할 때 기업은 좋은 내용을 가급적 많이 전달하고 싶겠지만, 이를 접하는 소비자는 쉽고 구체적이며 직관적인 메시지에 관심을 보일 것입니다.

이번엔 2016년에 집행한 클라우드 캠페인을 소개하겠습니다.

 브랜드 : 클라우드Kloud
업로드 : 클라우드 맥주 유튜브 채널, 2017년 9월 1일
제목 : 제대로 만든 진짜 맥주 Kloud #설현 CF 야경 편 (30초)

메시지 피라미드는 아래와 같으며 이전과 살짝 다릅니다.

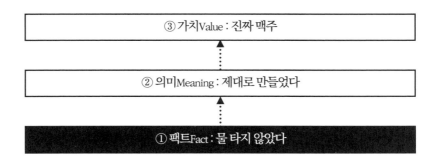

인앤아웃In & Out

클라우드는 2014년 4월 출시 이후 꾸준한 마케팅 캠페인을 통해 국내 맥주 시장에 성공적으로 안착합니다. 그리고 2017년부터 캠페인에서 오리지널 그래비티는 굳이 언급하지 않습니다. 그 대신 제대로 만들었다는 내용을 넣습니다. 이로 인해 메시지 피라미드의 구조가 조금 달라집니다.

Q. 무엇이 달라졌나요?

A. 오리지널 그래비티가 빠짐으로써 '물 타지 않았다'는 이제 의미(Meaning)가 아닌 팩트(Fact)가 되었습니다. 그리고 이것은 맥주를 '제대로 만들었다'는 새로운 의미가 되는 것이죠.

Q. 핵심 메시지가, 론칭 땐 ②번이었는데 이번엔 ①번으로 하락했네요?

A. 아, 그렇게 오해할까 봐 다시 한 번 말씀드리겠습니다. 메시지 피라미드에 나오는 팩트, 의미, 그리고 가치는 분류일 뿐이지 등급이나 우열의 개념이 아니라는 것을 기억하기 바랍니다. 그러므로 기업 입장에선 브랜드의 상황을 고려해 지금 가장 필요한 형태의 메시지를 선택하는 것입니다.

그리고 2019년 11월, 클라우드의 원조 모델 전지현이 컴백합니다. 그녀는 호스를 들고 거침없이 물을 뿌립니다. 그리고 물 타지 않았다는 사실을 반복해서 언급합니다. 클라우드는 물 타지 않았다는 메시지에 더 집중합니다. 다시 보니 전지현의 모습은 국산 맥주는 싱겁다는 소비자의 잘못된 인식을 향해 물을 뿌리는 것 같습니다.

브랜드 : 클라우드Kloud
업로드 : 클라우드 맥주 유튜브 채널, 2019년 11월 25일
제목 : 클라우드(Kloud) _ 맥주의 본질 편

"좋은 맥주엔 물이 필요 없어."
"발효 원액 그대로 물 타지 않은 클라우드처럼."

"그 차이를 안다면 맥주는 당연히 클라우드지."

"100% 발효 원액 그대로."
"물 타지 않아 더 풍부한 맛과 거품."

"물 타지 않은 프리미엄 맥주, 클라우드!"

독과점 시장은 결국 독(毒)이 됩니다.
기업에게도 소비자에게도.

국내 맥주 시장은 대표적인 독과점 시장입니다.
하지만 긍정적인 변화가 이어지고 있습니다.

하이트진로는 새로운 스타 테라(TERRA)를 탄생시켰습니다.
OB맥주도 지지 않고 한맥(HANMAC)으로 맞불을 놓았습니다.

200개 이상의 브랜드가 모인 수입 맥주 시장은 꾸준히 성장했습니다.
맥주 맛은 끝도 없이 다양하다는 사실을 증명하고 있습니다.

유통 및 세금 관련 법률을 과감히 개정했습니다.
수제맥주라는 씨앗이 뿌려지고 멋지게 싹을 틔웠습니다.

빅3 맥주 제조사 또한 성장을 위한 경쟁에 적극적이길 희망합니다.
그래서 해외에서도 사랑받는 글로벌 브랜드가 되길 기원합니다.

전지현 씨가 호스를 움켜쥐고 힘차게 뿌린 물,
대한민국 맥주 시장을 더욱 성장시키는 자양분이 되었으면 합니다.

UNIT 6

브랜드 포지셔닝 스테이트먼트
BRAND POSITIONING STATEMENT

GPS?

아니, BPS.

브랜드의 좌표를 찍어라!

브랜드는 자신만의 좌표가 있어야 합니다.
다름 아닌 브랜드 포지셔닝 스테이트먼트죠.
Brand Positioning Statement (BPS)

어떤 브랜드는, 명확하게 명시하고 있습니다.
어떤 브랜드는, 없지만 문제될 것이 없다고 믿습니다.
어떤 브랜드는, 있는 듯하지만 사실은 없습니다.

제가 물리적으로 모든 유명 브랜드의 마케팅 전략을 직접 경험한 것은 아닙니다.
하지만 꽤 많은 국내외 유명 브랜드의 광고 캠페인 전략을 개발했습니다.
그런데도 그중 제대로 된 BPS를 지닌 브랜드는 솔직히 거의 없었습니다.

기업은 소유한 브랜드의 포지셔닝을 명확히 표기해야 합니다.
그러나 고백하건대 이를 행동으로 옮긴 국내 기업을 만나지 못했습니다.
믿기지 않겠지만 제가 20년 가까이 경험한 국내 브랜드에선 없었습니다.

"없어도 지금까지 잘해왔고 별문제 없었는데 굳이 왜?"
기업의 이러한 반응 또한 엄연한 현실입니다.
그래서 저는 BPS 개발을 무조건 강요할 수 없다는 사실도 인정합니다.

그러나 이제라도 그 필요성을 깨닫는 기업이 더 많아지길 바랍니다.
BPS는 브랜드가 길을 잃고 힘들어할 때 길잡이 역할을 할 겁니다.
위기는 언제라도 찾아올 수 있으니까요.

경험해보니 기업은 다음의 경우에
브랜드 포지셔닝에 관심을 보일 가능성이 컸습니다.

신규 브랜드를 론칭할 때.
경쟁 브랜드와 맞서기 위해 자신만의 포지셔닝에 대해 고민합니다.

또는 브랜드에 문제가 있을 때.
이런 경우 포지셔닝을 새롭게 조정합니다.(Repositioning)

브랜드 포지셔닝Brand Positioning

- 누가 : 잭 트라우트Jack Trout & 알 리스Al Ries
- 언제 : 1972년 4월 24일
- 어디 : 〈Ad Age〉(《애드 에이지》, 미국의 광고 & 마케팅 전문지)
- 기사 : "The Positioning Era Cometh(포지셔닝의 시대가 왔다)"
- 출판 : 《Positioning: The Battle for Your Mind》(1981년)

내용을 요약하면 다음과 같습니다.

"목표시장 고객들의 마음속에 브랜드만이 가지는 고유한 위상을 구축함으로써, 고객이 브랜드에 대한 핵심적인 가치를 인정하고, 호의적이며 강력한 인상을 받을 수 있도록 계획하는 것을 말한다." (출처 : 한경 경제용어사전)

1972년에 처음 발표되었으니 진부하다고요? 아닙니다. 포지셔닝은 여전히 중요하며, 마케팅의 기본적인 사항 중 하나입니다. 제품과 서비스가 넘쳐나기 때문입니다. 즉, 시장에서 공급이 수요를 넘어서며 포지셔닝은 선택이 아닌 필수가 되었습니다.

그런데 현실적인 문제는 '어떻게 문장으로 정리하는가'입니다.
무슨 내용이 들어가야 하는지 대부분 잘 모르고 있습니다.

그래서 문장의 기본적인 구조를 소개하고자 합니다.
구글을 통해 검색하면 다양한 버전을 찾을 수 있습니다.

구성요소는 대동소이(大同小異)합니다.
다음 페이지에 소개하니 요긴하게 사용하기 바랍니다.

* Brand Positioning Statement *

For (target consumer)
who wants/needs (compelling reason to buy)
the (brand name) is a (product category)
that provides (key benefit).

* 브랜드 포지셔닝 스테이트먼트 *

(브랜드名)은 (니즈)를 원하는 (타깃 소비자)에게
(솔루션)을 제공하는 (제품 카테고리)이다.

음…, 영어를 직역하니 예상과 달리 문장이 많이 압축된 느낌입니다.
그래서 아래와 같이 압축을 조금 풀어보면 좋을 것 같습니다.

* 브랜드 포지셔닝 스테이트먼트 *

브랜드名 :

제품 카테고리 :

타깃 소비자 :

니즈 :

솔루션 :

각 항목을 작성한 후 연결해 한 문장으로 다듬는 것을 추천합니다.
문장력을 발휘해 최대한 간결하고 직관적으로 완성해야 합니다.

그런데 혹시 눈썰미가 있는 독자라면 이미 느꼈을지도 모르겠습니다.
포지셔닝의 문장 구조, 어디서 본 듯한 느낌이 들지 않나요?

베이직 포Basic Four
기억하고 있죠?
BPS의 구성요소에 들어있습니다.

Target Consumer는 문자 그대로 타깃,
Compelling Reason to Buy는 니즈,
Key Benefit은 다름 아닌 솔루션.

마케팅에서 생산자와 소비자를 연결하는 기본요소.
마케팅뿐만 아니라 신제품, 신사업, 엔터테인먼트까지.
무엇을 기획하든 빠지지 않는 약방의 감초 같은 요소.

필요하다면, 다시 68쪽으로….

타깃

니즈

솔루션

어, 잠깐만요!

한 가지가 빠진 것 같아요.

신뢰요소는 없는데요?

네, 제가 제시한 문장 구조에는 없습니다.

명목상 보이지는 않지만, 초석 역할을 합니다.

따라서 기본적으로 확보되어야 합니다.

아니라면, 솔루션은 공허한 외침일 뿐입니다.

백문이 불여일견(百聞 不如一見)
역시 사례를…

같은 값이라면

앞에서 나왔던 브랜드를…
브랜드의 개성이 명확한 브랜드를…
극명한 대비가 가능한 브랜드를…

이 모두를 고려하니

역시 할리데이비슨이 좋겠네요.

```
* Brand Positioning Statement *

For (hardcore enthusiasts)

who want (to project a macho image)

the (Harley Davidson) is the (motorcycle)

that provides (the proof of I'm a real man).
```

```
* 브랜드 포지셔닝 스테이트먼트 *

브랜드名 : 할리데이비슨

제품 카테고리 : 모터사이클

타깃 소비자 : 강렬한 것에 열광하는 사람

니즈 : 남자다운 이미지를 표출하고 싶다.

솔루션 : 진정한 남자임을 보여준다.
```

```
* 브랜드 포지셔닝 스테이트먼트 *

할리데이비슨은 하드코어적 성향을 지녀
남자다운 것을 좋아하는 사람의
강인한 모습을 드러나게 해주는 모터사이클이다.
```

만세 바이크
불량스러운 이미지
전통에 집착

경영 악화로 매각
브랜드 정체성 혼란
되찾은 경영권

브랜드 정체성 재정립
할리의 팬덤 H.O.G.
멋진 재기

마초 문화에 대한 거부감
주요 소비층의 고령화
전기 바이크 시대의 도래

다시 찾아온 경영 위기
신용등급 하락
구조조정 발표

그런데도
할리는 여전히
남자의 로망

내재된 그 로망을
글로 표현한 것이
바로 BPS

그래서 캡틴 아메리카의 모터사이클이 바로 할리입니다. 딱 어울리죠.

Q. 그런데 블랙 위도우도 가끔 빌려 타잖아요. 할리는 남자만 타는 건가요?

A. 여자도 당연히 탈 수 있습니다. 특히 블랙 위도우는 어벤져스의 일원으로서 어떤 기준으로 보아도 할리에 어울리는 이미지를 충분히 가지고 있죠.

Q. 그럼 남녀 모두 뭔가 강한 이미지가 있는 사람에게만 어울리는 브랜드가 아닐까요? 소위 상남자, 그리고 쎈언니 같은….

A. 네, 그렇습니다. 하지만 할리도 다양한 라인과 모델을 통해 타깃 소비자의 폭을 넓히고 있기에 그들이 전부는 아닙니다.

Q. 글쎄요, 할리가 배우 이태곤 씨나 가수 제시에겐 확실히 어울리지만, 박보검과 수지에겐 어울리지 않는 것 같아요. 어떻게 보시나요?

A. 그런데 박보검과 수지도 라이더 재킷을 입고 할리에 앉는 순간, 우리가 미처 몰랐던 강인한 모습이 느껴져 팬들은 더 열광할 거예요. 그걸 가능하게 하는 것이 바로 할리, 할리데이비슨입니다. 그래서 과거에 위기를 맞았지만, 더 강한 브랜드로 거듭났죠. 그리고 지금의 위기도 결국 이겨내지 않을까 저는 기대해봅니다.

Q. 그럼 브랜드 포지셔닝 스테이트먼트에서 이태곤 씨와 제시는 바로 포함되지만 박보검과 수지는 왜 쉽게 보이지 않는 건가요? 스테이트먼트가 좀 하드한 느낌인데 지금보다 소프트한 느낌으로 수정해야 하지 않을까요?

A. 좋은 포인트입니다. 소프트한 느낌으로 쓸 수도 있겠지만, 그럴 경우 브랜드의 포지션은 그만큼 희석됩니다. 따라서 스테이트먼트는 하드하게, 확실하게, 그리고 엣지 있게 쓰라고 권하고 싶습니다.

Q. 그렇다면 박보검과 수지는 어떻게 포함해야 할까요?

A. 명목상 포함할 필요는 없다고 봅니다. 굳이 구분하자면 '이태곤 & 제시'는 1차 또는 메인 타깃, 그리고 '박보검 & 수지'는 2차 또는 서브 타깃이라 할 수 있습니다. 이 경우 2차 타깃은 1차 타깃처럼 되고 싶은 소위 워너비(Wannabe)입니다.

Q. 마지막으로 한 가지 더, 조금 전 사례가 실제 할리데이비슨의 브랜드 포지셔닝 스테이트먼트인가요?

A. 공식적인 것은 아닙니다. 제가 이해하는 할리데이비슨을 바탕으로 작성한 것입니다. 분석하려는 모든 브랜드가 명확한 포지셔닝 스테이트먼트를 가지고 있지 않거나 있다 해도 외부에 공개하지 않기에, 마케터는 스스로 이해하고 분석해서 작성하는 역량을 길러야 합니다. 비즈니스 현장에선 경쟁 브랜드가 우리에게 친절하게 알려주진 않을 테니까요.

그래서 앞에서 할리데이비슨의 가치는
남성성(男性性, Masculinity)이라고 한 것입니다.

이번엔 할리와 비교할 브랜드를 소개할까 합니다.
인디언(Indian)? 아니면, 트라이엄프(Triumph)?

두 브랜드도 할리만큼 매력적인 모터사이클임엔 틀림없습니다.
그러나 더 극적인 대비를 보여줄 브랜드가 좋겠습니다.

1958년에 출시되어 2017년 10월에 모터사이클 최초로
전 세계 누적 판매 1억 대를 돌파한 브랜드입니다.

그 브랜드는 바로…

혼다 커브HONDA Cub

할리와 비교하기에 전혀 어울리지 않는다고요?
모름지기 극과 극은 통한다고 했습니다.

언더본(Underbone)* 카테고리의 최강자입니다.
그러나 우리나라에선 배달 오토바이로 인식됩니다.

네, 지금도 배달 업무 종사자의 주요 운송수단으로서
도로에서 흔히 볼 수 있기에 배달 이미지가 강합니다.

특히 국내에선 대림 시티(CT) 시리즈라는 모델로
1982년부터 라이선스 생산 · 판매되고 있습니다.

하지만 2013년부터 오리지널 모델이 수입되기 시작했고,
점차 일상에서 즐기는 모터사이클로 자리잡고 있습니다.

혼다 커브는 극강의 연비, 내구성, 그리고 가성비를 자랑합니다.
아, 1억 대 이상의 누적 판매엔 라이선스 제품은 제외입니다.

* 언더본(Underbone) : 메인 프레임 아래 엔진이 있는 바이크

* Brand Positioning Statement *

For (nice people)

who want (an easy way to get around)

the (Honda Cub) is the (personal transporter)

that provides (easy, convenient, and affordable transportation).

* 브랜드 포지셔닝 스테이트먼트 *

브랜드名 : 혼다 커브

제품 카테고리 : 개인용 차량

타깃 소비자 : 좋은 사람

니즈 : 쉬운 교통수단

솔루션 : 쉽고 편리하며 가격도 적당한 차량

* 브랜드 포지셔닝 스테이트먼트 *

혼다는 간편한 교통수단을 원하는 일반 대중이
쉽게 탈 수 있는 적당한 가격의 개인용 오토바이다.

**YOU MEET
THE NICEST PEOPLE
ON A HONDA**

You Meet The Nicest People on a Honda

1962년에 미국에서 론칭 후 몇 년 동안 진행된 마케팅 캠페인입니다.
오늘날 모터사이클 시장을 주도하는 브랜드 중 하나인 혼다가
세계적인 브랜드로 성장하는 데 초석이 된 캠페인이란 평가를 받습니다.

사실 혼다는 미국 LA에 전시관을 열고 상급 모델 판매에 집중합니다.
하지만 일본 내수용 모델은 미국 기준에 맞지 않아 리콜됩니다.
그런데 정작 전시도 되지 않은 커브 모델에 조금씩 반응을 보입니다.

바로 자동차를 구매할 여력이 모자란 학생 고객이 주로 구매합니다.
이 사실을 간파한 혼다는 커브 모델로 공격적인 마케팅 캠페인을 전개합니다.
"You Meet The Nicest People on a Honda.(혼다를 타는 좋은 사람을 만나세요.)"

이 캠페인을 계기로 커브의 인지도와 판매는 폭발적으로 증가합니다.
매력적인 가격 대비 믿을 수 없을 만큼 강한 내구성, 효율성이 바탕이 됩니다.
혼다 커브를 시작으로 일본산 모터사이클 브랜드가 본격 진출합니다.

덩치만 크고 비효율적이었던 미국산 모터사이클은 줄줄이 쓰러집니다.
현재 세계 모터사이클 산업의 중심에는 일본 바이크 4대 천왕이 있습니다.
혼다Honda, 가와사키Kawasaki, 스즈키Suzuki, 그리고 야마하Yamaha.

혼다는 모터사이클의 교과서로 평가받으며 세계 1위를 질주하고 있습니다.
이 모든 것은 혼다 커브의 성공으로부터 시작되었습니다.
그리고 그 중심엔 명확한 브랜드 포지셔닝 스테이트먼트가 자리합니다.

브랜드는 인간을 닮았습니다.
잘나가면 욕심이 싹트며 더 가지길 원하고
힘들면 길을 잃고 헤매기 쉽습니다.

그 욕심은 브랜드 확장으로 이어집니다.
그 헤맴은 브랜드 재정립으로 이어집니다.
어느 경우라도 현재 좌표에서 출발합니다.

브랜드 포지셔닝 스테이트먼트는
나침반, 별자리, 등대 역할을 할 것입니다.
당신의 브랜드는 지금 어디에 있나요?

[UNIT 7]

컨셉 CONCEPT

드디어

이 셋의 차례가 왔습니다.

뭐, 대충 이런 느낌?

컨셉CONCEPT
인사이트INSIGHT
트렌드TREND

마케팅 종사자라면
거의 매일
입에 달고 사는 용어.

분명 실무에선 중요한데
딱히 배운 적은 없고
그런데도 매일 언급하는,

참 중요한데…
그 뭐랄까…
하~ 설명하자니 딱히…

부담스러운 이 세 녀석을
건드려보고자 합니다.
그 첫 번째는 바로 컨셉!

컨셉에 대해 진지하게 관심을 가진 계기가 있었습니다.

대기업 계열 광고대행사에서 브랜드 커뮤니케이션 컨설턴트로 근무하던 시절,
하루는 계열사에서 진행중인 제품 개발 프로젝트에 참여하게 되었습니다.

그날은 컨셉안에 대한 조사 결과를 발표하고 토론하는 회의가 있었습니다.
브랜드 매니저 2명, 마케팅 부서 상무, 연구소 팀장, 그리고 우리측 2명.
저는 프로젝트 중간에 조인했기에 우선 경청에 주력했습니다.

각 컨셉안의 조사 결과를 자세히 발표하며 토론을 이어갔습니다.
그런데 저는 회의가 진행될수록 똥 마려운 강아지처럼 불편함을 느꼈습니다.
일단 내색하진 않았지만 아무도 이 불편함에 관해 얘기하지 않았습니다.

그냥 넘어갔어야 했는데… 성격이 모난지라… 결국 말해버렸습니다.
"저… 이건 제품 컨셉이 아니라 커뮤니케이션 컨셉인데요.
개발할 제품 컨셉이 뭐죠? 전혀 없는데요."

원치 않았지만 결국 악역을 맡고야 말았습니다.

국내 굴지의 대기업, 그리고 핵심 계열사의 회의,
마케팅 부서를 중심으로 유관 부서까지….
참고로 마케팅 부서 임원이 참석했고, 과장급 이하는 없었습니다.

고백하자면 저 역시 컨셉에 대해 특별히 배운 적은 없습니다.
하지만 현장의 경험으로 적어도 제품(브랜드) 컨셉과
커뮤니케이션 컨셉은 구분할 수 있어야 한다고 믿었습니다.

서점에서 컨셉에 대한 책을 찾을 수 있었습니다.
실제 구매한 것을 포함, 전반적으로 분량이 만만치 않았습니다.
아무리 적어도 300쪽 이상, 그리고 어떤 책은 600쪽까지.

학자가 집필한 책의 분량이 저에겐 큰 부담으로 다가왔습니다.
마케팅의 학문적 접근은 현장에서 생각만큼 활용되지 못하니까요.
그랬다면 제가 경험한 그런 일은 없었겠지요.

학자와 실무자 사이의 간극은 언제나 생각보다 컸습니다.
저마다의 환경과 입장의 차이가 있기 때문이겠죠.
컨셉에 대한 실무적 관점의 초보적인 무엇이 있으면 좋겠습니다.

"○○○ 씨 드레스가 유난히 빛나는데, 오늘 의상 컨셉은 무엇이죠?"
"네, 블랙 로즈(Black Rose)예요. 잘 어울리나요?"

"오늘 밤 유력한 여우주연상 후보인데 수상 기대할 만할까요?"
"후보에 오른 것만으로도 영광입니다. 최선을 다하겠습니다."

우리가 많이 보았고 쉽게 머릿속에 그려볼 수 있는 장면입니다.
이런 작은 인터뷰에서도 흔하게 접할 수 있는 것이 바로 컨셉입니다.

여배우가 인터뷰에서 자신의 의상 컨셉을 곧바로 얘기하듯이,
브랜드도 자신만의 명확한 컨셉이 있어야 합니다.

위키피디아(Wikipedia)는 컨셉을 아래와 같이 정의하고 있습니다.
내용 중 중요하다고 판단되는 부분을 추출해보겠습니다.

Concepts are defined as abstract ideas or general notions
that occur in the mind, in speech, or in thought. They are understood
to be the fundamental building blocks of thoughts and beliefs.

① abstract idea : 추상적인 아이디어
② general notion : 일반적인 생각
③ the fundamental building block : 기본이 되는 블록

① 추상적인 : 앞으로 구체화시켜야 하는
② 일반적인 : 일부에 한정되지 않고 전체에 널리 걸치는
③ 기본 : 반드시 있어야 하는 것

한편 네이버의 검색 결과는 다음과 같습니다.
이번에도 중요 부분을 추출하도록 하겠습니다.

컨셉 : 어떤 작품이나 제품, 공연, 행사 따위에서 드러내려고 하는 주된 생각

개념 : 어떤 사물에 대한 일반적인 뜻이나 내용

① 주된 생각 : 중심이 되는 생각

② 일반적인 뜻이나 내용 : 일부에 한정되지 않고 전체에 널리 걸치는

① 주된 생각 ✕ ② 일반적인 뜻이나 내용

누가 보아도 그러한, 중심이 되는 생각

이제 이 둘을 살짝 비벼볼까 합니다.

그리고 브랜드라는 토핑을 얹겠습니다.

그러면 바로 '브랜드 컨셉'.

① 추상적인 : 앞으로 구체화시켜야 하는

② 일반적인 : 일부에 한정되지 않고 전체에 널리 걸치는

③ 기본 : 반드시 있어야 하는 것

* 브랜드 컨셉 *

브랜드를 나타내는 가장 핵심적인 아이디어

(반드시 있어야 하며, 누가 보아도 그러한 것)

① 주된 생각 × ② 일반적인 뜻이나 내용

누가 보아도 그러한, 중심이 되는 생각

BRAND CONCEPT = A + B

사실 브랜드 컨셉을 개발하라고 하면 막연합니다.
그 경험을 바탕으로 위와 같은 구조를 제안합니다.

브랜드 컨셉은 A와 B의 결합으로 구성해보겠습니다.
그럼 A와 B를 간략히 설명하겠습니다.

B를 먼저 살펴보겠습니다. B는 정체성(Identity)입니다.
'나는 누구인가?'라는 본능적인 질문에 대한 답변이어야 합니다.
그리고 B를 세로축 Y에 표시하면 한쪽은 현실적(Realistic)인 정체성,
반대쪽으로 갈수록 이상적(Ideal)인 정체성을 띠게 됩니다.

이번엔 A입니다. A는 차이점(Point-of-Difference, P.O.D)입니다.
여러 경쟁사와 자신을 구별하는 차별화된 특징이 되어야 합니다.
그리고 A를 가로축 X에 표시하면 한쪽은 구체적(Concrete),
반대쪽으로 갈수록 추상적(Abstract)인 경향을 띠게 됩니다.

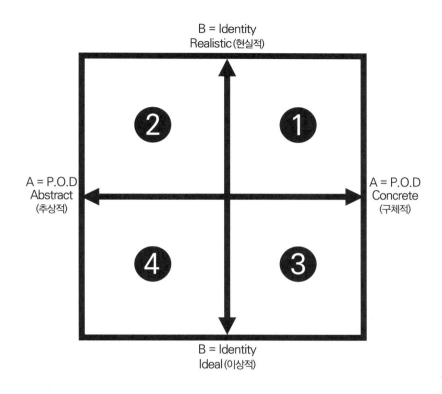

이제 X축(차이점)과 Y축(정체성)을 함께 표현하면 위와 같습니다.
그리고 개념화를 위해 각 사분면에 적합한 명칭을 붙여보았습니다.

❶ Fundamental : 기본적인

❷ Evolving : 진화하는

❸ Redefining : 재정의하는

❹ Exclusive : 독보적인

그럼 이제부터 사례를 통해 조금 더 자세히 알아보도록 하겠습니다.

1. Fundamental : 기본적인 브랜드 컨셉

혹시 과자 좋아하세요?

네, 우리는 남녀노소 가리지 않고 과자를 참 좋아합니다.

그렇다면 아래에 내가 알고 있는 과자를 쭉 적어볼까요?

아, 껌과 캔디는 물론, 아이스크림도 포함됩니다.

_____   _____

_____   _____

_____   _____

_____   _____

_____   _____

_____   _____

_____   _____

_____   _____

_____   _____

저도 과자를 참 좋아합니다. 아이스크림은 말할 것도 없죠.
그래서 저도 아래에 제가 좋아하거나 알고 있는 과자를 적어보았습니다.

왼쪽에 여러분이 직접 적은 것과 비교하면 겹치는 것이 많으리라 생각합니다.
그런데 거의 모든 과자에서 보이는 공통점이 있는데 혹시 눈치채셨나요?

농심 새우깡	롯데 제크
오리온 초코파이	해태 허니버터칩
오리온 오징어 땅콩	롯데 월드콘
농심 꿀꽈배기	빙그레 메로나
오리온 초코송이	해태 부라보콘
롯데 빼빼로	롯데 티코
해태 맛동산	빙그레 비비빅
오리온 고래밥	빙그레 붕어싸만코
해태 홈런볼	해태 누가바
해태 구운감자	롯데 자일리톨

바로 '시간'입니다. 허니버터칩을 제외한 모든 브랜드가 올드합니다.
참고로 강의 때 많은 젊은 수강생의 선택도 크게 다르지 않습니다.

왜 우리는 수십 년 동안 같은 과자를 먹고 있을까요?
오래된 것이 좋지만 새로운 것도 필요하지 않을까요?

그런데 아래 언급된 과자는 사실 브랜드가 아닌 제품명입니다.
설상가상으로 국내 과자 시장은 이미 정체기에 접어들었습니다.

농심 새우깡(1971년)	롯데 제크(1994년)
오리온 초코파이(1974년)	해태 허니버터칩(2014년)
오리온 오징어 땅콩(1976년)	롯데 월드콘(1986년)
농심 꿀꽈배기(1972년)	빙그레 메로나(1992년)
오리온 초코송이(1984년)	해태 부라보콘(1970년)
롯데 빼빼로(1983년)	롯데 티코(1992년)
해태 맛동산(1975년)	빙그레 비비빅(1975년)
오리온 고래밥(1984년)	빙그레 붕어싸만코(1991년)
해태 홈런볼(1981년)	해태 누가바(1974년)
해태 구운감자(2001년)	롯데 자일리톨(2000년)

바야흐로 웰빙 시대

전 세계적인 웰빙 열풍은 대한민국도 예외가 아니었습니다. 당시 건강에 대한 관심이 커지며 먹거리에 대한 니즈도 해마다 높아졌습니다. 특히 KBS 2TV의 건강 정보 프로그램 '비타민'에 소개되는 음식은, 방송 다음날부터 대형마트에서 곧바로 완판될 정도로 웰빙이 우리의 라이프 스타일에 미치는 영향력은 정말 대단했습니다.

제대로 정크푸드

사람들은 웰빙의 눈으로 주변의 먹거리를 다시 평가하기 시작했고, 그 첫 번째 대상은 다름 아닌 햄버거였습니다. 예전부터 패스트푸드 또는 정크푸드(Junk Food)라는 별칭이 있었지만, 2004년 햄버거가 몸에 미치는 영향을 고발한 다큐멘터리 영화가 세계적인 화제가 된 이후 햄버거는 그야말로 '공공의 적 1호'가 되었습니다.

길티 플레저

그리고 '공공의 적 2호'로 지명된 것이 바로 과자입니다. 특히 내 아이의 건강에 예민한 엄마들로부터 하루 아침에 홀대 받는 천덕꾸러기 신세로 전락했습니다. 엄마의 각오는 비장감이 넘쳤습니다. 과자를 먹는 사람은 이전에 없던 죄의식과 함께, 금지된 것을 즐기며 느끼는 '모순된 쾌감(Guilty Pleasure)'을 경험하기 시작했습니다.

상황은 햄버거의 그것보다 더 나쁩니다.
과자가 더 범용적인 제품이기 때문입니다.

단순히 매출에 영향을 미치는 것에서 멈추지 않았습니다.
과자에 대한 소비자의 인식이 악화됐습니다.

국내 시장은 이미 성숙기에 접어들었으니 해외로 나갑니다.
거대한 중국 시장에 기대를 걸어봅니다.

하지만 중국 시장은 성공이 보장된 약속의 땅이 아닙니다.
오히려 전 세계 과자 브랜드가 집결한 격전의 장입니다.

더 큰 문제는 오리지널 브랜드와 싸워야 한다는 사실입니다.
국내 시장을 주름잡는 제품 중 카피 제품이 적지 않습니다.

예전엔 브랜드와 원조에 대한 인식이 부족했기에 가능했습니다.
하지만 오늘날 그런 전략은 어림도 없습니다.

기업은 여전히 제품이 좋으면 결국 팔릴 거라 믿는 걸까요?
과자 시장에서 제대로 된 과자 브랜드를 찾을 수 없는 상황은 계속됩니다.

그러던 2008년, 그리고 1월의 어느 날.
드디어 컨셉이 명확한 과자 브랜드가 등장합니다.

이름하여, 닥터유Dr.You.

2008년 1월 21일

국내 제과업계의 대표 기업인 오리온(Orion)은 서울 프라자호텔에서 기자간담회를 열고 차세대 가공식품의 기준을 제시하며 '닥터유 프로젝트'를 발표합니다. 지난 2001년부터 건강한 과자를 만들기 위한 프로젝트를 이어온 오리온의 '트랜스지방 저감화 프로젝트', '포화지방 저감화 프로젝트'에 이은 세 번째 프로젝트입니다.

신제품 공개

이 자리에서 오리온은 닥터유 브랜드의 신제품 3종류를 공개합니다. 콩을 오븐에 통째로 구워 식사 대용으로 만든 고단백 영양바, 통곡물로 만든 저열량 영양 간식 시리얼바, 그리고 100% 통밀을 사용해 만든 다크초콜릿 케익이 그것입니다. 모두 설탕 함유량을 줄이고, 천연원료인 밀과 콩을 통째로 구운 제품입니다.

브랜드 컨셉

웰빙 열풍의 전 세계적인 확산으로 과자도 무작정 맛만 추구할 수 없는 입장입니다. 세계 식음료 시장은 영양과 안전, 그리고 건강을 중심으로 변화하던 시기였습니다. 이에 닥터유 브랜드는 몸에 좋지 않은 성분은 제거하고 바쁜 현대인의 라이프 스타일에 맞춰 부족한 영양소를 더하는 '영양 밸런스'에 초점을 맞추고 있습니다.

과자 회사에서 이렇게 언론을 통해 브랜드를 명확하게 설명한 것은 처음이었습니다. 위 내용만으로도 우리는 브랜드 컨셉 구조에서 본 A, B를 쉽게 유추할 수 있습니다.

Dr.You = 영양 밸런스 + 과자

넌 누구니?

소비자가 브랜드에게 질문합니다. 그때 브랜드는 명확하게 자신이 누구인지 정체성을 알려야 합니다. 그 역할을 하는 것이 바로 B에 해당합니다. 그리고 닥터유는 가장 기본이 되는 물성적인 관점에서 정체성을 알립니다. 바로 과자입니다. 특히 처음 등장하는 신생 브랜드의 정체성은 이처럼 현실적(Realistic)이어야 합니다.

그래? 그럼 넌 어떤 과자인데?

소비자의 질문은 이어집니다. 기존 과자 대비 어떤 차이점(P.O.D)을 지녔는지 더 알고 싶어 합니다. 닥터유는 바쁜 현대인에게 필요한 영양의 균형을 골고루 갖춘 과자입니다. 따라서 A는 영양 밸런스라고 할 수 있습니다. A와 B를 합쳐 컨셉을 더 다듬으면, 닥터유는 '영양 밸런스를 갖춘 과자'로 정리할 수 있겠습니다.

가장 기본적인 컨셉

결국 닥터유는 시장에 처음 출시되는 시점이므로 상대적으로 이해하기 쉬운 컨셉을 추구하는 것이 유리합니다. 따라서 앞서 분류한 컨셉 종류에서 첫 번째에 해당하는 펀더멘털(Fundamental)에 속합니다. 그리고 영양 밸런스를 갖추고 있다는 차이점은 강력한 신뢰요소가 뒷받침되고 있기에 구체적이라 볼 수 있습니다.

강력한 파트너

닥터유의 강력한 신뢰요소는 바로 '반식(半食) 다이어트'로 유명한 유태우 박사입니다. 그는 각 제품에 대한 영양 밸런스를 설계하며 오리온과 함께 닥터유 프로젝트에 참여합니다. 이는 가공식품을 피할 수 없다면 조금이라도 몸에 좋은 가공식품을 만들고, 한국인에게 맞춘 영양소 설계가 필요하다는 그의 철학에 근거합니다.

과자와 영양?

아, 이 얼마나 상극입니까. 그런데 제과업체가 영양을 얘기한다고요? 미치지 않고서야… 네, 오리온은 정말 미쳤나 봅니다. 그런데 막무가내로 미친 것이 아니라 똑똑하게 미쳤습니다. 그리고 마케팅 캠페인을 조심스레 시작합니다. 바로 닥터유란 브랜드는 이런 철학으로 만들어졌다고 차분하게 선언합니다.

닥터유 매니페스토*

"왜 과자 먹고 죄책감 느껴야 할까?"
"왜 과자를 우습게 보는 걸까?"
"언제부터 과자가 천덕꾸러기가 됐을까?"

"먹는 즐거움에서 죄책감을 덜어내자."
"그 자리에 영양 밸런스를 채우자."
"태어나서 자라고 성숙하기까지…."

"닥터유, 과자로 영양을 설계하다."

브랜드 : 오리온 닥터유Dr.You
업로드 : 오리온 유튜브 채널, 2012년 7월 17일
제목 : 닥터유 매니페스토

누구나 과자를 좋아합니다. 어린 시절 과자를 먹을 때면 항상 행복했고, 어른이 된 지금도 크게 다르지 않습니다. 그런데 출시된 2008년 1월, 과자에 대한 대중의 날선 인식에 맞선 닥터유의 용기에 박수를 쳤던, 그렇지만 강속구가 아닌 유인구를 던지는 스마트함에 감탄했던 기억이 납니다. 저는 묘하게 설득이 되었습니다.

* 매니페스토(Manifesto) : 선언문, 성명서

닥터유는 곧 매니페스토로 멋지게 밑그림을 그리고 이제 본격적인 채색을 합니다.

브랜드 : 오리온 닥터유Dr.You
업로드 : 오리온 유튜브 채널, 2012년 7월 17일
제목 : 닥터유 건강설계 에너지바

브랜드 : 오리온 닥터유Dr.You 99바
업로드 : 오리온 유튜브 채널, 2012년 7월 17일
제목 : 닥터유 가벼워지는 99바

브랜드 : 오리온 닥터유Dr.You 기름에 튀기지 않은 도넛
업로드 : 오리온 유튜브 채널, 2012년 7월 17일
제목 : 닥터유 튀기지 않은 도넛 – Na. 강호동

브랜드 : 오리온 닥터유Dr.You 다이제
업로드 : 오리온 유튜브 채널, 2013년 10월 12일
제목 : 통밀로 설계한 든든함 – 닥터유 다이제 (이서진 편 30s)

기존의 과자는 브랜드가 아닌 제품을 기본으로 했기에 그저 새로운 맛을 추가하는 것을 넘어서지 못했습니다. 하지만 닥터유는 명확한 컨셉을 바탕으로 출시되었기에, 단순히 새로운 맛의 추가가 아닌 다른 과자 카테고리도 품을 수 있어 위와 같은 다양한 제품군을 형성할 수 있었습니다. 닥터유는 제품 확장성을 확보한 것입니다.

QR코드를 통해 소개된 영상을 보면 특히 '닥터유 튀기지 않은 도넛'이 인상적입니다. 밀가루 반죽을 기름에 튀기는 제조 방식에서 탈피해 스팀으로 쪄 도넛을 만든다는 점이 브랜드 컨셉을 드라마틱하게 구현한 대표적인 제품이라 할 수 있습니다. 그리고 다이제 캠페인은 카피가 브랜드 컨셉을 잘 녹여내고 있습니다.

"이거? 나 원래 이거 좋아해."
"든든하잖아."

"여기 통밀이 들어있다는 거 아냐."
"그래서 든든한가?"
"느낌이 아니라 진짜 통밀."

"몸에 좋은 통밀로 든든하게, 닥터유 다이제."

든든하다, 통밀이 들어있다, 느낌이 아니라 진짜 통밀. 이처럼 탄탄하고 일관된 카피가 나올 수 있는 비결은 명확한 브랜드 컨셉에서 출발합니다. 참고로 다이제를 제외한 QR코드 업로드 일자가 실제 캠페인 집행일과 다릅니다. 이는 오리온 측이 영상을 정리해 유튜브 채널에 다시 업로드한 일자로 보입니다. 이 점 참고하세요.

한 번도 브랜드를 출시하지 않은 기업은 있어도 한 번만 출시한 기업은 없는 것일까요? 2008년 12월, 오리온은 또 다른 브랜드를 출시합니다.

마켓오Market O

오리온은 닥터유 브랜드 개발 때와 달리 더 적극적인 모습으로 마켓오 브랜드를 개발합니다. 사실 닥터유 프로젝트는 유태우 박사가 오리온이 아닌 다른 제과업체에 제안해 진행하던 것이었는데, 개발 단계에서 맛이 이슈가 되어 결국 중단됩니다. 그는 이것을 다시 오리온에 제안했고, 함께 개발에 성공해 출시로 이어졌던 것입니다.

차세대 혁신 프로젝트

이를 통해 가능성을 확인한 오리온은 더 과감한 행보를 보입니다. 이번엔 외부와의 협업이 아닌 내부에서 시작했고, 브랜드 컨셉 개발에 다시 한 번 집중합니다. 기본적으로 오리온이 2001년부터 지속하고 있는 제품혁신 프로젝트의 일환입니다. 이번엔 맛, 건강, 안전까지 모두 만족시키는 미래지향형 제품을 개발하는 것입니다.

브랜드 컨셉

오리온은 프로젝트의 결과물을 담기 위해 당연히 그에 어울리는 브랜드 개발이 필요하다는 사실을 잘 알고 있습니다. 하지만 이번엔 닥터유 때와 다른 접근법을 선택합니다. 닥터유가 건강에 초점을 맞춘 돌직구 같은 브랜드라면, 마켓오는 재료에 중점을 둔 멋진 변화구 같은 브랜드로서 개발됩니다.

일반 과자가 20~30여 종이 넘는 원재료와 여러가지 합성첨가물로 만들어진 것과는 달리, 마켓오는 10여 가지의 엄선된 천연재료만 사용해 제조하는 브랜드입니다.

제로 퍼센트

넌 누구니? 마켓오를 처음 접하는 소비자는 어김없이 질문합니다. 이번에도 브랜드 정체성(B)은 과자로서, 닥터유 사례와 마찬가지로 현실적(Realistic)인 접근법을 선택합니다. 그리고 다시 한 번 이어지는 질문, 그럼 넌 어떤 특징(A = P.O.D)을 가진 과자인데? 마켓오가 외칩니다. 나는 합성첨가물을 전혀 넣지 않았다고.

마켓오팜

오리온은 이를 위해 신뢰할 만한 요소로서 마켓오 팜(Market O Farm)을 언론에 공개합니다. 마켓오팜은 강원도 평창 청정지역에 위치한 국내 1호 유기낙농 인증 목장이며, 이곳에서 나오는 유기농 유제품으로 만든 천연발효종을 사용합니다. 그외 모든 원재료는 국내산 또는 고품질 수입산으로 원산지를 철저하게 관리합니다.

구체적 vs. 추상적

그렇다면 A에 해당하는 '합성첨가물 0%'는 구체적일까요, 아니면 추상적일까요? 마켓오팜, 그리고 원재료에 관한 철저한 관리에 대한 구체적 설명이 있기에 충분히 구체적이라 할 수 있습니다. 따라서 마켓오의 브랜드 컨셉은 닥터유와 마찬가지로 컨셉 사분면에서 첫 번째에 해당하는 펀더멘털(Fundamental)에 속합니다.

참고로 이것은 정답 맞히기가 아닙니다. 공식이나 법칙이 존재하지 않음으로 자료와 이해를 바탕으로 소신 있게 판단하는 것이니 부담 갖지 마시기 바랍니다.

Market O = 합성첨가물 제로 + 과자

이제 A와 B를 위와 같이 정리해보겠습니다. 그리고 둘을 합쳐 컨셉을 더 다듬으면 마켓오는 '합성첨가물 제로 퍼센트 과자'로 정리할 수 있겠습니다.

공식 버전

그런데 이것은 오리온이 공개한 공식적인 브랜드 컨셉은 아닙니다. 자료를 바탕으로 제가 정리한 것입니다. 그렇다면 오리온이 출시 당시 언론을 통해 공개한 컨셉은 무엇일까요? 그것은 바로 '0% 합성첨가물, 자연이 만든 순수한 과자'입니다. 단어의 미세한 차이는 있지만, 의미는 동일하다고 볼 수 있습니다.

가정한다면?

현실적으로 모든 브랜드가 컨셉을 친절하게 정리하거나 공개하지 않기 때문에, 이처럼 자료와 분석을 바탕으로 컨셉을 스스로 파악하는 역량을 갖추면 큰 도움이 될 것입니다. 그런데 만약 컨셉 문구가 '자연이 만든 순수한 과자'로 축약되고, 이를 뒷받침해줄 구체적인 신뢰요소가 없다면 어떨까요?

우선 컨셉 문구에서 '0% 합성첨가물'이 생략되면 차이점(A)은 순식간에 구체성을 상실하고 추상적인 컨셉으로 급변하게 됩니다. 과자라는 정체성(B)은 명확하지만 '자연이 만들어 순수하다'는 차이점은 의미가 모호해집니다. 더구나 이를 뒷받침할 구체적인 신뢰요소마저 없다면 소비자는 컨셉을 이해할 수 없습니다.

이로써 '자연이 만든 순수한 과자'는 컨셉이 아닌 비즈니스 결과의 몫으로 돌아갑니다. 즉, 매출 결과가 만족스러울 때에야 비로소 컨셉은 좋은 평가를 받게 됩니다.

2008년 12월 11일, 오리온은 네 가지 제품으로 마켓오를 출시합니다. 바로 대관령 청정 요거트로 천연 발효시킨 '워터 크래커', 순수 초콜릿으로 만든 '리얼브라우니', 여덟 가지 과일과 견과종실류의 맛을 그대로 살린 '브레드칩', 그리고 국산 감자에 덴마크산 고다치즈를 얹어 카놀라유로 구운 '순수 감자 프로마즈'입니다.

특히 리얼브라우니는 대표 제품으로서 확실한 입지를 구축합니다. 소위 한 번도 먹지 않은 사람은 있어도 한 번만 먹은 사람은 없다고 할 만큼 폭발적 인기를 누렸고, 지금도 꾸준히 사랑받는 스테디셀러입니다. 특히 캠페인 모델로 배우 고소영 씨를 섭외한 것은 지금 보아도 아주 탁월한 선택이라고 생각합니다.

브랜드 : 오리온 마켓오Market O 리얼브라우니
업로드 : 오리온 유튜브 채널, 2012년 11월 15일
제목 : 마켓오 리얼브라우니 - 거실 편 30s

브랜드 : 오리온 마켓오Market O
업로드 : 오리온 유튜브 채널, 2012년 11월 12일
제목 : 마켓오 리얼브라우니 - 주방 편 30s

마켓오는 브랜드 컨셉을 바탕으로 신제품을 지속해서 출시합니다. 지난 2013년 12월 말에 신제품을 추가하는데, 그중 하나가 바로 덴마크산 까망베르치즈와 체다치즈가 들어간 '리얼치즈칩'입니다. 만약 마켓오란 브랜드에 담지 않고 단지 신제품으로 출시했다면, 제품에 사용한 재료를 기반으로 제품명을 지었을 것입니다.

'오리온 까망베르치즈칩' 또는 '오리온 체다치즈칩' 정도가 되지 않았을까요? 하지만 탄탄한 브랜드 컨셉을 바탕으로 탄생한 마켓오이기에 제품명에 가치를 담아냅니다. 즉, 차별화된 팩트(Fact, 합성첨가물 0%)는 의미(Meaning, 제대로 만든 과자)를 거쳐 확실한 가치(Value, 리얼Real)로 완성되었다고 해석할 수 있습니다.

아쉽지만 이승기 씨를 모델로 진행한 마케팅 캠페인 영상은 현재 오리온 유튜브 채널에 공개된 상태가 아니기에 QR코드를 책에 삽입하지 못했습니다. 그 대신 개인 유튜버가 올린 영상은 검색되므로 검색어를 알려드립니다.(유튜브 검색어 : 꽃누나 이승기~마켓오cf에서 훈훈포텐~!) 참고로 두 번째 영상이 리얼치즈칩입니다.

이제 마켓오는 어떤 제품이라도 자신만의 컨셉으로 해석하고 출시합니다. 이로써 제품 위주의 경쟁사와 달리 자연스럽게 차별화됩니다. 2023년 4월 기준, 마켓오는 리얼브라우니를 필두로 총 6가지 제품을 생산하고 있습니다. 모두 브랜드 컨셉에 기반해 개발한 훌륭한 제품입니다.

마켓오가 출시된 지 어느덧 짧지 않은 시간이 지났습니다. 닥터유와 함께 제과업계에서 다양한 제품을 담아내고 있는 강력한 브랜드로 성장했습니다. 마켓오의 다양한 제품 중 지금은 단종된 것도 있습니다. 하지만 제품은 단종되더라도, 마치 이어달리기를 하듯, 브랜드는 다음 신제품을 출시하며 계속 건재할 것입니다.

2. Evolving : 진화하는 브랜드 컨셉

앞서 소개한 기본형 브랜드 컨셉은 특히 새로운 시장을 만드는 브랜드에 매우 유용합니다. 기존에 존재하지 않는 새로운 제품이 출시되기에 그 생소함을 직관적으로 풀어줄 컨셉이 타깃 소비자의 인식 속에 정착할 가능성이 높습니다. 그래서 정체성 (B)은 현실적으로, 그리고 차이점(A)은 구체적인 컨셉을 기본으로 제안합니다.

그렇게 해당 브랜드는 새로운 시장 개척에 성공하며 선도자로서의 이익을 누리기 시작합니다. 하지만 현실은 냉정하기에 동종 업계의 경쟁사가 이를 좌시하지 않고 곧이어 시장에 뛰어듭니다. 경쟁자가 증가할수록 경쟁은 심화되고 어느덧 브랜드의 서열이 정리됩니다. 이제 선도자는 다시 한 번 경쟁에서 앞서갈 필요가 있습니다.

물론 브랜드 컨셉은 쉽게 변경하는 대상이 아닙니다. 하지만 선도자로서의 유리함이 점차 희미해지고 경쟁자와의 차이점이 모호해질 때, 브랜드 컨셉을 현황에 맞게 수정 및 보완하는 것을 고려해야 합니다. 현재의 차이점을 구체적인 영역에서 추상적 혹은 관념적인 영역으로 옮김으로써 새로운 차이점을 확보할 수 있습니다.

Q. 그런데 시장점유율 1위 브랜드일 경우, 굳이 그럴 필요가 있을까요?
A. 좋은 질문입니다. 시장을 개척했고 현재 시장점유율 1위를 유지하고 있는 브랜드는 지금 상태를 유지하길 원하겠죠. 즉, 최소한 지금의 시장점유율과 순위가 오랫동안 지속되고 고착화되길 원할 겁니다. 하지만 경쟁자도 확실하고 브랜드 간 점유율의 차이가 크지 않다면 1위는 불안하죠.

Q. 그렇죠. 그러니 모든 면에서 더 열심히 해서 격차를 벌려야 하지 않을까요?
A. 맞습니다. 그런데 열심히 한다고 원하는 결과가 항상 얻어질까요? 아쉽지만 그렇지 않습니다. 특히 마케팅 분야는 더욱 그렇죠. 이제 브랜드 입장에선 다른 관

점의 차이점을 고려할 시점이 되었고, 이를 위해 브랜드 컨셉을 수정할 필요가 있습니다. 이로써 새로운 차이점으로 경쟁을 주도할 기회를 만드는 겁니다.

Q. 그래서 지금의 구체적인 차이점을 추상적 혹은 관념적으로 바꾸라는 거군요.
A. 그렇습니다. 브랜드 컨셉이 언급하는 차이점은 이제 경쟁하는 모든 브랜드에 적용 가능한 범용적인 것이 되었습니다. 따라서 더는 배타적인 경쟁력을 보장하지 않습니다. 이제 새로운 경쟁력 확보의 관점에서 브랜드 컨셉 중 차이점에 의미 또는 가치를 담아 진화하는 것을 고려할 수 있습니다.

Q. 그렇다면 앞서 다룬 마켓오는 왜 아직도 물리적인 차이점에 머물러 있나요?
A. 우선, 제가 브랜드를 설계한 당사자가 아니기에 매우 조심스럽습니다. 개인적 관점에서 해석하자면, 마켓오는 동일한 컨셉의 경쟁 브랜드가 등장하지 않은 것이 가장 큰 이유라고 봅니다. 그럼에도 브랜드 컨셉을 더욱 발전시킬 수도 있겠지만 그것은 선택의 영역입니다. 마켓오는 그렇게 하지 않았을 뿐입니다.

Q. 만약 강력한 1위 브랜드라면 군이 컨셉을 수정할 필요가 없지 않을까요?
A. 특정 브랜드가 보통명사처럼 사용될 정도라면 그럴 수도 있겠죠. 하지만 비즈니스 세계에선 언제 무슨 일이 일어날지 알 수 없죠. 내일 갑자기 기발한 컨셉의 신규 브랜드가 등장해 시장을 뒤흔들 수도 있기에, 압도적인 1위 브랜드라 할지라도 컨셉을 수정 또는 보완할 필요성이 있습니다.

Q. 이 모든 것을 한꺼번에 보여주는 좋은 사례가 있을까요?
A. 혹시 밥 좋아하세요?

Q. 네? 아직 배가 고프지는 않은데요.
A. 아, 밥이 좋은 사례가 될 것 같아서요.

밥입니다.
흔히 '한국인은 밥심'이라고 합니다.
김치와 함께 한국인의 정체성이죠.

논에서 벼로 시작해 농부의 손길이 무려 88번 필요합니다.
장마, 무더위, 그리고 태풍조차 이겨내며 쌀이란 알맹이를 맺습니다.
수확까지 한순간도 마음을 놓을 수 없는, 손이 많이 가는 녀석입니다.

벼는 농부의 낫질에 허리가 잘리며 가을 논바닥에 쓰러집니다.
그리고 탈곡을 통해 진주처럼 품어왔던 쌀을 토해냅니다.
쌀은 정미소에서 도정을 거치며 아름다운 자태를 갖추게 됩니다.

이제 주방에서 손등으로 물의 양을 조심스레 맞춘 후 솥을 올립니다.
뜨거운 열기 속에서 쌀은 찰기와 윤기를 뿜어냅니다.
하얀 김이 도도하게 올라오는 밥 한 공기, 언제 보아도 사랑스럽습니다.

많은 한국인이 적어도 한 번은 경험했습니다.

저녁도 거른 채 야근하고 퇴근한 아내를 위해 상을 차렸는데,
밤 늦게 도서관에서 돌아온 아이는 또 배가 고프다는데,
남은 라면 국물에 미소 지으며 식탁 위의 밥솥 뚜껑을 열었는데…,

이런! 밥이 없습니다.

당장 밥을 새로 짓는다 해도 최소 30분은 소요됩니다.
제품으로서 쌀은 존재하지만 밥은 존재하지 않았던 시절의 경험입니다.
그러던 1996년, CJ제일제당에서 이런 고정관념을 깨버렸습니다.

'햇반'이랍니다.

레토르트 볶음밥이 있었지만 이미 조리된 상태의 밥이었습니다.
전투식량이 있었지만 특수 상황과 특정 집단을 위한 밥이었습니다.
그런데 오롯이 하얀 쌀밥을 출시하다니, 문화적 충격이었습니다.

햇반 = 즉석 + 밥

햇반의 브랜드 컨셉은 매우 명확합니다. 그래서 누구라도 햇반이 무엇인지 단번에 이해할 수 있을 만큼 직관적입니다. 브랜드 컨셉을 구성하는 A와 B를 살펴보겠습니다. 정체성을 의미하는 B는 바로 '밥'입니다. 매우 현실적이죠. 그리고 차이점을 의미하는 A는 바로 '즉석'입니다. 구체적인 차이점이라 할 수 있습니다.

Q. 질문하러 다시 돌아왔습니다.
A. 오셨군요. 기다리고 있었습니다.

Q. 지금 즉석이 구체적인 차이점이라 하셨는데, 오히려 추상적이지 않나요?
A. 네, 즉석이란 단어 자체로 접근하면 당연히 그렇게 생각할 수 있습니다. 즉석이란 실체가 아닌 개념적이기 때문입니다. 하지만 그 당시에도 우리는 즉석이란 개념을 다양한 레토르트(Retort) 식품을 소비하며 충분히 경험한 상태였습니다. 전자레인지나 끓는 물에 데워서 취식하는 것이죠.

Q. 그런 경험을 통해 즉석이란 개념이 내재화되었다는 말씀이신 거죠?
A. 네, 소위 3분 요리입니다. 오뚜기의 지분이 크다고 할 수 있습니다.

Q. 그런데 즉석밥이란 컨셉은 특별하기보다는 너무 당연한 것 아닌가요?
A. 그것은 햇반이 출시된 지 20년 이상이 지난 오늘의 관점에서 보면 그렇다고 할 수 있습니다. 하지만 1996년엔 그렇지 않습니다. 그리고 소비자 입장에서 밥을 3분 요리처럼 쉽게 데워서 먹는다는 사실은 매우 혁신적이죠. 새롭게 접하는 것은 쉽게 설명되어야 소비자에게 받아들여질 가능성이 높아집니다.

Q. 그 당시의 햇반 광고 영상을 볼 수 있을까요?
A. 아쉽지만 CJ제일제당 유튜브 채널에 공개되지 않아 QR코드를 올릴 수 없네요.

그 대신 개인이 올린 예전 광고를 검색하기 바랍니다. 'CJ 햇반 광고'로 검색하면 예전 광고 캠페인이 나옵니다. 30년 가까이 CJ제일제당의 광고 모델로 활약한 배우 김혜자 님을 비롯해 원미경, 홍진희, 현빈, 이보영, 김상경, 송선미, 서신애, 그리고 그 외 무명 모델과 함께한 햇반의 과거를 만나보세요.

거침없는 질주

햇반은 출시하자마자 폭발적인 반응을 일으키며 CJ제일제당의 효자 브랜드로 등극합니다. 제품이 훌륭한 것은 기본이지만 명확하고 직관적인 브랜드 컨셉 또한 성공에 큰 지분을 차지한다고 평가하고 싶습니다. 기본적인(Fundamental) 브랜드 컨셉의 좋은 사례입니다. 그런데 어찌된 일인지 경쟁 브랜드는 나타나지 않았습니다.

햇반이 출시된 지 햇수로 6년이 지나서야 첫 경쟁자가 시장에 진출합니다.

회사	브랜드	출시
CJ 제일제당	햇반	1996년 12월
농심	햅쌀밥	2002년 5월
오뚜기	맛있는 오뚜기밥	2004년 11월
동원F&B	쎈쿡	2007년 6월
기타	대형마트 PB 등	2007년

압도적인 시장 1위

CJ제일제당이 햇반으로 쏘아 올린 즉석밥은 생수가 처음 출시되었을 때를 연상시킵니다. 당시엔 누가 돈을 지불하고 즉석밥을 구매하겠냐는 반응도 있었지만, 어느덧 가정의 비상식품에서 필수식품으로 자리매김했죠. 즉석밥의 시장 규모는 2022년 5월 기준 4,625억 원이며, 그중 60% 이상을 햇반이 차지하고 있습니다.

떠나는 자

경쟁 브랜드 중 가장 먼저 시장에 진입한 농심 햅쌀밥. 하지만 2016년, 농심은 철수합니다. 오뚜기의 맛있는 오뚜기밥이 2위 자리를 차지하고 있지만, 여전히 햇반과의 시장점유율 격차는 매우 큽니다. 사실 햇반은 오래전부터 압도적이었기에 경쟁은 무의미했을지도 모릅니다. 굳이 브랜드 컨셉을 수정할 이유도 없습니다.

경쟁자를 새롭게 규정

하지만 햇반은 안주하지 않고 스스로 더 높은 목표를 세웁니다. 밥이 없을 때를 대비한 대체품이 아닌 가정의 필수품이 되고자 노력합니다. 그래서 집에서 직접 짓는 밥을 경쟁 대상으로 규정합니다. 2011년 6월, 햇반은 브랜드 리뉴얼을 단행하며 강력한 브랜드 슬로건을 소개합니다. 밥보다 더 맛있는 밥.

브랜드 : CJ제일제당 햇반
업로드 : CJ제일제당 유튜브 채널, 2011년 6월 7일
제목 : 밥보다 맛있는 밥, 햇반

그런데 혹시 눈치채셨나요?

QR코드를 통해 지금 시청한 마케팅 캠페인 영상에서 '밥보다 더 맛있는 밥'은 카피의 일부이며 성우의 내레이션을 통해 등장합니다. 그런데 햇반 패키지의 빨간색 원에서 확인할 수 있는 브랜드 슬로건은 여전히 기존과 동일합니다. 엄마가 해주신 밥. 그리고, 실수인 것 같지만, 유튜브 영상의 제목에 '더'가 빠져 있습니다.

Q. 다시 보니 정말 그렇네요. 왜 그럴까요?
A. 아직은 과도기로 보입니다. 사실 브랜드 컨셉이 아닌 카피의 일부입니다. 하지만 해당 캠페인 이후에 이 카피에 대한 평가가 달라졌다고 저는 생각합니다.

Q. 브랜드 슬로건으로 승격하는 것은 그렇다 해도 컨셉까지는 좀 무리 아닌가요?

A. 네, 명목상 그렇게 생각할 수 있다고 봅니다. 하지만 브랜드의 컨셉과 슬로건이 동일할 수 없다는 법칙은 존재하지 않습니다. 이제 햇반에게 즉석이란 차이점은 의미가 없습니다. 따라서 의미 또는 가치를 담은 차이점이 필요한데 '밥보다 더 맛있는 밥'은 슬로건 이상의 컨셉으로도 전혀 손색이 없습니다.

브랜드 : CJ제일제당 햇반
업로드 : CJ제일제당 유튜브 채널, 2015년 6월 10일
제목 : [햇반] 2015년 햇반컵반 CF - 엄마가 햇반으로 차려준 든든한 한끼 (서현진 손호준 편)

브랜드 : CJ제일제당 햇반
업로드 : CJ제일제당 유튜브 채널, 2017년 7월 28일
제목 : [햇반] 밥의 맛, 햇반 - 갓 한 맛 편 w/박보검 _ 30초

브랜드 : CJ제일제당 햇반
업로드 : CJ제일제당 유튜브 채널, 2019년 7월 1일
제목 : [햇반] 밥하지 않는 집 _ 종합 편

브랜드 : CJ제일제당 햇반
업로드 : CJ제일제당 유튜브 채널, 2020년 6월 8일
제목 : [햇반] 햇반 잡곡밥생활 TVC '잡곡밥' 편 ON-AIR

제품라인 확장

위 캠페인 영상에서 보듯이 이제 햇반은 단순히 흰쌀밥을 넘어 컵밥, 잡곡밥, 그리고 솥밥까지 담아내며 제품라인을 거침없이 확장하고 있습니다. 어느덧 햇반의 연 매출액은 2020년에 이미 2천억 원을 넘겼습니다. 가정간편식(HMR) 열풍은 앞으로도 지속될 것으로 전망되기에 햇반의 성장은 계속 지켜볼 가치가 있습니다.

햇반의 힘은 무엇일까요?

압도적 시장점유율?

이미 2천억 원을 훌쩍 넘긴 연 매출?

앞으로 더 기대되는 성장세?

그렇습니다.

세 가지 모두 맞는 말입니다.

그런데 저는 이렇게 생각합니다.

밥은 그냥 우리에게 주어지는 존재였습니다.

즉, 밥은 선택의 대상이 아니었습니다.

그런데 지금 햇반은 밥을 기호품으로 바꾸고 있습니다.

브랜드는 성장해야 합니다.

그에 따라 브랜드 컨셉도 진화해야 합니다.

햇반은 성공적으로 진화하고 있습니다.

3. Redefining : 재정의하는 브랜드 컨셉

개인적으로 마케팅의 바이블(Bible)이라 생각하는 서적이 있는데 바로 《마케팅 불변의 법칙》입니다. 마케팅 거장으로 평가받는 '잭 트라우트Jack Trout'와 '알 리스Al Ries'가 함께 저술한 책입니다. 그들이 소개한 마케팅에 관한 22개 불변의 법칙 중첫 번째가 바로 '선도자의 법칙'입니다. Better가 아닌 First를 강조합니다.

즉, 마케팅은 첫 번째로 등장해 시장과 소비자의 인식을 선점하는 것이, 더 좋은 것대비 효과적이란 내용입니다. 후발 주자는 선도자 브랜드를 뛰어넘기가 무척 어렵습니다. 시간과 자본을 투자하고 열심히 한다는 것이 원하는 결과를 보장하지 않기때문입니다. 아무 소득 없는 처참한 실패로 마무리되는 경우도 흔합니다.

그나마 시장 규모가 매년 급속하게 증가할 때 뛰어든 경쟁자는 선도자 브랜드가 수요에 전부 대처하지 못하기에 나름의 점유율을 가져갈 가능성이 있습니다. 하지만시장 성장세가 둔화되고 선도자 브랜드와 경쟁에서 살아남은 나머지 경쟁자가 어느덧 독과점 형태로 자리잡은 경우, 이 시장이 흔들릴 가능성은 낮아 보입니다.

그것이 경쟁 구도이든 아니면 브랜드별 시장점유율이든, 시장 자체가 사라지지 않는 한 이제 큰 변화 없이 지금 상태가 영원히 지속될 것만 같습니다. 이로 인해 새로운 진입자의 의지를 꺾어버립니다. 아니, 아예 생각조차 하지 않을지도 모릅니다. 시장을 지배하는 골리앗(Goliath) 같은 브랜드와 경쟁이 가능할까요?

도저히 경쟁이 될 수 없는 상황, 그래서 결과가 뻔히 예상되는 경우 우리는 굳이 다윗(David)이 되려고 하지 않습니다. 하지만 다윗은 분명 골리앗을 쓰러뜨리고 목을베어버립니다. 마케팅에서도 가능할까요? 물론 모두가 다윗이 될 순 없습니다. 그런데도 기회를 만든다면 브랜드 컨셉에서 시작할 수 있을 것입니다.

선도자 브랜드와 여럿의 강력한 경쟁자.

이 경우 매우 치열한 경쟁이 펼쳐집니다.

점유율 1위의 선도자 브랜드도 방심할 수 없습니다.

선도자 브랜드와 한둘의 독과점 경쟁자.

그리고 나머지 수많은 명목상의 브랜드가 시장을 조금씩 차지합니다.

신규 진입자는 또 하나의 명목상의 브랜드가 될 가능성이 높습니다.

골리앗이 된 선도자 브랜드가 지배하는 절대 시장.

나머지 명목상의 브랜드는 이윤을 희생하며 낮은 가격으로 경쟁할 뿐입니다.

마케팅 관점에서 본다면, 진입하지 않는 것이 좋습니다.

Q. 존재감 없는 나머지 브랜드는 왜 굳이 시장에서 활동하고 있을까요?

A. 앞에서 이에 대해 언급한 내용이 있습니다. 즉, 비즈니스 관점에서 접근하면, 기업은 아무리 박하다 할지라도 이윤이 남는다면 해당 브랜드와 제품은 생산 및 판매할 가치가 있습니다. 그렇다면 판단의 문제가 됩니다. 미미한 이윤이지만 기꺼이 취할 것인지, 아니면 생산을 중단하고 시장에서 철수할 것인지.

Q. 브랜드로서 존재감이 약하니 당연히 철수하는 것이 낫지 않을까요?

A. 마케팅 관점에서 보면 타당한 결정일 수 있습니다. 하지만 비즈니스 관점에서 본다면 그 이윤조차 아쉬운 기업은 쉽게 포기할 수 없겠지요. 어느 시장이라도 경쟁자가 존재한다면 시장을 100% 점유하는 것은 불가능하니까요. 이 부분은 사실 앞에서 언급한 바 있습니다.(106쪽 내용을 다시 한 번 참고하세요.)

Q. 더 이상의 경쟁이 가능할까요? 신규 브랜드의 등장 가능성은 없겠죠?

A. 맞습니다. 시장을 선도하는 브랜드의 점유율과 영향력이 클수록 새로운 경쟁자의 진입 가능성은 작아집니다. 그런데 세상에 영원한 것이 어디 있겠습니까. 영원할 것 같은 절대 지배자를 한 번에 쓰러뜨리지는 못해도, 시장에 균열을 가하는 신경 쓰이는 새로운 존재가 드물게 등장합니다.

Q. 햇반을 생각할 때 그런 존재가 등장할 수 있을까요?

A. 한마디로 햇반은 철옹성이죠. 지금까지 타깃 소비자의 인식에서 밥이란 컨셉을 햇반이 가장 강력하게 차지하고 있기 때문입니다. 그렇다면 신규 진입자는 어떻게 해야 할까요? 밥이란 컨셉을 유지하면 가능성은 거의 없습니다. 아니, 우선 밥이란 정체성을 유지하며 차별화를 꾀할 수 있습니다.

Q. 양을 더 늘리면 어떨까요? 누구는 양이 아쉽다고 느낄 수 있으니까요.

A. 좋은 아이디어네요. 특히 많은 남자 소비자가 지지할 것 같습니다. 라면 한 봉지가 살짝 아쉽듯, 즉석밥 하나도 종종 양이 부족하게 느껴지니까요.

Q. 음… 곱빼기 즉석밥, 이 컨셉으로 경쟁해볼 만하지 않을까요? 저는 좋은데요.

A. 두 가지 측면에서 보면 어떨까요? 우선 마케팅 측면에서 볼 때 확실히 햇반 대비 차별화된 컨셉은 맞습니다. 이것을 신규 또는 기존 경쟁 브랜드가 차지하기 위해선 햇반 역시 큰 용량을 출시하기 이전에 소비자의 인식에서 확실하게 자리를 잡아야 합니다. 그 전에 햇반이 움직이면 승산이 별로 없습니다.

그리고 추가로 고려해야 할 사항이 있는데, 바로 생산설비입니다. 만약 큰 용량 제품을 출시하기 위해 기존 라인을 활용하는 것이 아닌 완전히 새로운 생산 라인을 구축해야 하는 상황이라면, 신규 진입자는 그 투자가 큰 부담이 됩니다. 만약 햇반이 재빨리 움직이면? 햇반이 그 컨셉마저 차지할 가능성이 큽니다.

Q. 그래서 곱빼기 즉석밥 컨셉이 실현되지 않았는지도 모르겠군요.

A. 위 내용은 어디까지나 가정을 전제로 했기에 경쟁 기업들이 실제로 그런 생각을 했는지 여부는 알 수 없습니다. 다만 이전과 다른 컨셉으로 시장에 진입하기에 좋은 시기가 있었습니다. 바로 컵밥입니다. 컵밥은 햇반을 위시한 즉석밥과 다른 면을 가지고 있기 때문입니다. 한번 생각해보세요.

Q. 글쎄요, 기본적으로 둘 다 밥인데 결정적인 차이가 있을까요?

A. 저는 밥과 식사의 차이로 보고 싶습니다. 다시 말해, 햇반은 밥 그 자체입니다.

햇반은 한끼 식사를 구성하는 한 요소이지만 전부를 의미하지는 않습니다. 이에 반해 컵밥은 그 자체로 누군가에겐 충분한 한끼 식사가 될 수 있습니다. 특히 주머니 사정이 여의치 않고 바쁜 사람에게 유용하겠죠.

Q. 충분히 가능하다고 봅니다. 그러면 컨셉은 어떻게 정리할 수 있을까요?

A. 햇반을 염두에 두고 경쟁하려 하기에, 햇반이 장악하고 있는 영역을 벗어나 자리잡는 것이 관건입니다. 햇반의 밥이라는 정체성을 버려야 합니다. 그런데 컵밥은 이미 밥이란 구체적인 정체성이 있습니다. 이를 극복하기 위해 컵밥의 컨셉은 밥을 바탕으로 새롭게 정의하는 것에서 출발해야 합니다.

Q. 그래서 밥과 식사를 언급하신 건가요?

A. 네, 그렇습니다. 밥과 식사는 결이 다르죠. 밥은 누구라도 머릿속에 구체적인 모습을 그리지만, 식사는 상대적으로 이상적 또는 관념적인 영역에서 존재합니다. 컵밥 역시 우리가 인식하는 식사 대비 즉석이란 명확한 차이점이 있으니 이를 컨셉에 차용하면 '즉석 한끼 식사'란 컨셉을 도출할 수 있습니다.

Q. 밥을 바탕으로 식사로 재정의할 수 있군요.

A. 재정의를 한다는 것은 대상을 새로운 시각으로 바라보고 새롭게 해석한다는 것을 의미합니다. 이를 통해 새로운 가치를 창출하고 소비자의 인식을 변화시킬 기회를 모색하는 것입니다. 컵밥의 경우 정체성을 밥에 가두지 않고 밥을 기반으로 식사라고 재정의함으로써 경쟁의 기회를 마련한 것입니다.

컵밥 시장을 창출하고 선점함으로써 즉석밥의 대명사 햇반에 맞설 기회가 있었지만 아무도 성공하지 못했습니다. 오히려 CJ제일제당이 햇반의 강력한 브랜드 파워를 기반으로 컵밥 영역까지 어렵지 않게 점령해버렸습니다. 밥으로 할 수 있는 거의 모든 영역을 차지함으로써 시장의 지배력은 더 강해졌습니다.

인류 역사상 가장 보편적인 옷, 다름 아닌 청바지.
어느 날 스타트업 기업이 엔젤투자자인 내게 투자를 요청한다면?
글쎄요, 청바지를 새롭게 정의한 컨셉이라면 고려해보겠습니다.

물리적인 제품이 아닌 청바지가 지닌 가치를 담아야 합니다.
청바지의 가치라면 자유로움, 젊음, 그리고 섹시함 정도가 아닐까요?
이 중에서 저는 섹시함에 주목해보고 싶습니다.

일반적으로 청바지는 편하다는 이미지를 가지고 있습니다.
하지만 멋스럽게 입은 청바지는 어떤 옷보다 섹시합니다.
그러니 그 가치에 집중하면 어떨까요?

그래서 새롭게 출시하는 청바지 브랜드의 컨셉, 24-Inch Sensuality.
이상적인 정체성인 섹시함을 관능미(Sensuality)로 고급스럽게 풀었습니다.
그리고 이를 24인치 사이즈로만 제작해 아무에게나 허락하지 않겠습니다.

이런 컨셉의 청바지, 당신은 어떻게 생각하나요?
사실 오래전 이와 유사한 접근을 했던 브랜드가 있었습니다.
하지만 매출과 타협하며 브랜드 컨셉은 빛을 잃어 갔습니다.

앞서 소개한 할리데이비슨입니다.
누가 뭐라 해도 매우 미국적인 모습이죠.
남성성이 넘치는 브랜드입니다.

미국은 이민자가 세운 나라입니다.
모두 새로운 기회를 찾아 낯선 땅으로 왔죠.
생존을 위해 스스로 강해져야 했습니다.

B = Identity
Realistic (현실적)

제2차 세계대전 이후 계속 유지하는 극강의 하드파워.
강인함은 미국인에게 언제나 미덕이었습니다.
그리고 그 DNA는 많은 미국 브랜드에 녹아 있습니다.

할리데이비슨도 그중 하나입니다.
브랜드 컨셉은 너무나도 명확합니다.
남자의 모터사이클.

man, 이렇게 연약한 모습의 남자가 아닙니다.
Man, 이 정도의 남자도 아닙니다.
MAN, 이렇게 강인한 남자를 위한 것이 할리입니다.

혼다는 1960년대 초 미국 모터사이클 시장에 진출합니다.
하지만 미국 기준에 미달해 상급 모델은 모두 리콜되었습니다.
그런데 주머니가 얇은 학생이 종종 커브(Cub)를 구매합니다.

전시장에 제대로 진열도 안 된 모델에 왜 반응했을까요?
그것은 바로 할리 같은 모터사이클이 아니었기 때문입니다.
혼다는 이 기회를 놓치지 않습니다.

B = Identity
Ideal (이상적)

커브는 모터사이클입니다.
하지만 혼다는 본능적으로 느끼고 있었던 걸까요?
모터사이클로 인식되면 경쟁이 힘들다는 것을.

명목상의 정체성은 모터사이클.
하지만 뭔가 이상적인(개념적인) 정체성이 필요했습니다.
그래서 색다른 컨셉의 브랜드가 되길 원했습니다.

쉽고 간편하게 이용하며 가격도 적절한 혼다 커브.
그것은 모터사이클이 아닌 '개인용 차량'이었습니다.
그리고 혼다 커브는 전설이 되었습니다.

정체성을 통해 컨셉을 새롭게 정의합니다.
하지만 아무 때나 할 수 있는 것은 아닙니다.
다음과 같은 시기가 왔을 때 좋을 것입니다.

컨셉 속의 정체성이 더는 특별하지 않을 때.
정체기에 접어든 시장의 영역을 확대하고자 할 때.
새로운 게임의 법칙을 만들어 선점하고자 할 때.

따라서 마케터는 트렌드로 변화의 흐름을 읽어야 합니다.
그리고 인사이트로 새로운 기회를 창출해야 합니다.
또 이를 바탕으로 브랜드 컨셉을 명확하게 세워야 합니다.

하지만 현실적으로 이런 기회는 쉽게 오지 않습니다.
그러므로 시장을 최대한 빠르게 선점하는 것이 중요합니다.
그래야 경쟁의 주도권이 내 손에 들어오는 것입니다.

4. Exclusive : 독보적인 브랜드 컨셉

개념 vs. 기능
본질 vs. 스킬
창조 vs. 파괴

무형 vs. 유형
가치 vs. 품질
초월 vs. 1등

메시 vs. 호날두
스테판 커리 vs. 르브론 제임스
그레그 매덕스 vs. 랜디 존슨

애플 vs. 삼성
테슬라 vs. 토요타
넷플릭스 vs. 디즈니

브랜드의 중요성은 아무리 강조해도 지나치지 않습니다. 급기야 개인마저 타인과 구별되는 강력한 퍼스널 브랜드가 되는 시대입니다. 그런데 위대한 브랜드를 자세히 보면 두 그룹으로 나눕니다. 하나는 퍼포먼스를 통해 경쟁의 정점에 서 있는 브랜드, 그리고 또 다른 하나는 그 정점을 넘어 우리에게 영감을 주는 브랜드.

하나는 기능을 중시하며 스킬을 향상합니다. 이를 통해 기존의 물리적 성과를 파괴하며 정점에 서기 위해 노력합니다. 오감(五感)을 통해 직접 경험할 수 있는 유형성(tangibility)을 중시합니다. 제품의 경우 물리적인 품질이라 할 수 있습니다. 그리고 이 모든 것의 끝에는 매출, 이익, 시장점유율과 같은 수치가 있습니다.

반면 또 다른 하나는 개념을 정립하고자 하며 본질에 집중합니다. 이를 통해 기존과 다른 새로운 것을 창조하기 위해 노력합니다. 오감을 통한 물리적 경험을 넘어 무형성(intangibility)을 중시합니다. 제품의 품질을 넘어 가치를 추구합니다. 따라서 매출, 이익, 시장점유율과 같은 수치를 초월하는 무언가를 지니고 있습니다.

축구에 관한 수많은 기록을 갈아치우는 불세출의 스타 크리스티아누 호날두, 현존하는 최고의 농구 스타 르브론 제임스, 그리고 2m의 키에서 160km의 불같은 강속구를 뿌렸던 메이저리그 역대 최고의 왼손 투수로 평가받는 랜디 존슨까지. 모두가 자신의 분야에서 압도적인 퍼포먼스로 최고의 위치에 오른 레전드입니다.

반면 최고의 퍼포먼스를 넘어 우리에게 새로운 가치를 보여주는 선수가 있습니다. 화려한 골이 아닌 축구의 아름다움을 보여주는 리오넬 메시, 높이와 힘이 농구의 핵심이라는 고정관념을 깨버린 스테판 커리, 불같은 강속구가 아닌 살아있는 공의 움직임과 제구력으로 투수의 진정한 가치를 보여준 그레그 매덕스까지.

마케팅 생태계의 주요 축을 차지하는 브랜드도 마찬가지입니다. 최고의 기술력을 자랑하는 스마트폰 판매 세계 1위의 삼성, 자동차 판매 대수 세계 1위의 토요타, 압도적인 분량의 콘텐츠로 미디어 산업을 이끄는 디즈니까지. 누가 보아도 최고의 브랜드지만 우리는 정점에 위치한 이들을 초월하는 경쟁자에 더 열광합니다.

삼성보다 애플, 토요타보다 테슬라, 그리고 디즈니보다 넷플릭스. 바로 혁신적인 아이디어로 새로운 시장을 창조했기 때문입니다. 즉, 한쪽은 자신의 분야에서 우리가 생각할 수 있는 최고의 퍼포먼스를 보여주었습니다. 그리고 다른 한쪽은 우리가 미처 생각하지 못한 새로운 가치를 만들어 삶에 변화를 가져왔습니다.

비즈니스는 수치적 결과가 매우 중요합니다. 하지만 지금은 회계장부에 물리적인 수치로 기록되지 않는 무형의 가치의 중요성이 나날이 커지고 있습니다. 이렇게 물리적인 퍼포먼스를 초월하는 브랜드는 기존과 다른 컨셉을 지녀야 할 것입니다. 브랜드의 정체성과 차이점 모두, 기존의 영역을 뛰어넘어야 합니다.

기존 개념을 파괴하고 새로운 것을 창출하고 시장의 주도권을 차지하기 위해서는 많은 것이 필요합니다. 그리고 그중 하나가 바로 브랜드 컨셉입니다. 이런 영역에 도달한 브랜드 중 의외로 컨셉이 잘 알려진 사례를 찾기가 쉽지 않은데, 다행히 좋은 사례가 있습니다. 바로 스타벅스(Starbucks)입니다.

스타벅스 = Third + Place

이미 2000년대부터 많은 경영 전문가들은 스타벅스의 성공에 대해 연구했고 관련 서적이 쏟아졌습니다. 언론은 이를 대서특필하며 스타벅스를 한마디로 정의했습니다. 제3의 장소(Third Place). 에스프레소 기반의 커피전문점으로 출발한 스타벅스는, 어느새 누구도 하지 못한 독특한 컨셉을 창출한 위대한 브랜드로 성장했습니다.

B = Place

스타벅스는 모두가 인정하는 커피전문점 브랜드로 성장한 지 오래되었습니다. 하지만 커피란 존재는 누구라도 자신의 것으로 만들고 싶은 매력적인 기호품이기에 경쟁자는 단순히 동종 업계만으로도 넘쳐납니다. 그리고 버거, 도넛, 베이커리 등, 커피가 아닌 업계에서도 끊임없이 시장에 진입하기에 경쟁은 극심합니다.

어디 그뿐인가요? 커피숍이란 이름은 거대한 브랜드가 아니어도, 전문 바리스타가 아니어도, 괜찮은 에스프레소 기계만 구매하면 누구라도 도전할 수 있을 만큼 진입 장벽이 낮아졌습니다. 이로 인해 국내 커피 시장은 이미 포화상태에 도달했다는 전문가의 의견을 비웃으며 계속 성장해왔습니다. 커피는 만만해졌습니다.

하지만 스타벅스는 이 모든 것을 이겨내고 시장의 지배력을 점차 확대하고 있습니다. 그 시작은 브랜드 컨셉에서 출발했다고 저는 생각합니다. 스타벅스는 이미 오래 전부터 커피전문점의 정체성을 넘어 가치를 제공하는 공간으로 스스로를 규정했습니다. 즉, 커피를 통해 스타벅스만의 공간(Place)을 제공하고자 했습니다.

A = Third

사실 공간은 물리적인 개념에 지나지 않습니다. 하지만 매장이라 불리는 공간에서 기업은 재화 또는 서비스를 기반으로 차별화한 공간적 가치를 창출해야 합니다. 소비자는 구매 후 곧바로 매장을 나서기보다 가능하면 매장에 머물며 해당 매장이 제공하는 무형의 가치를 함께 즐기고 싶어 하니까요. 결국 장소(공간)입니다.

스타벅스에서 우리는 누군가를 만나고 이야기를 나눕니다.

네, 기본적으로 그 옛날 다방의 기능을 계승합니다.

스타벅스에서 우리는 노트북, 태블릿으로 무엇에 열중합니다.

때로는 개인 서재, 때로는 사무실, 때로는 독서실, 그리고 때로는 아지트가 됩니다.

스타벅스에서 우리는 혼자만의 시간을 즐깁니다.

책을 읽거나, 음악을 듣거나, 또는 스마트폰으로 넷플릭스에 접속합니다.

그리고 스타벅스에서 가끔 우리는 아무것도 하지 않습니다.

모든 것이 귀찮고, 그저 커피 한 잔을 옆에 두고 멍때리는 시간을 가집니다.

미국 도시사회학자 레이 올든버그Ray Oldenburg는 1989년에 출간한 책《The Great Good Place》에서, 집을 제1의 장소로, 그리고 직장 또는 학교를 제2의 장소로 규정합니다. 그리고 현대인은 또 하나의 장소가 필요하다고 언급합니다. 집보다는 공적인 개인 공간이며 동시에 직장보다는 사적인 공적 공간, 바로 '제3의 장소'입니다.

스타벅스의 컨셉은 (에스프레소) 커피전문점에서 시작해 지금은 Third Place라는 독보적인 브랜드 컨셉을 실현했습니다. Third라는 추상적인 개념(차이점)을 차지했습니다. 그런데 사실 우리나라만 보더라도 빵집, 다방, 미용실을 거쳐 카페와 바(Bar)와 같은 다양한 Third Place의 계보가 있었습니다.

Q. 맞아요. 결국 스타벅스도 그중 하나일 뿐이지 않나요?
A. 네, 표면적으로는 그렇습니다. 그런데 앞서 언급했던 장소는 하나의 카테고리를 의미합니다. 그러니까 해당 장소를 소유하는 주체는 달라도 전체를 아울러 표현하는 명칭이죠. 하지만 스타벅스는 특정 브랜드가 하나의 장소를 대표하고 있습니다. Third Place란 컨셉은 스타벅스의 것입니다.

Q. 글쎄요. 스타벅스 말고도 여러 브랜드가 있지 않나요? 맥도날드, 빕스, 베스킨라빈스, 파리바게뜨, 아웃백(스테이크하우스), 그리고 김밥천국까지도.
A. 네, 일리 있다고 생각합니다. 그런데 위에 언급한 브랜드의 장소(매장)에선 제품과 서비스를 소비하는 것이 주된 목적이지만, 스타벅스에선 커피를 매개로 장소가 제공하는 무형의 가치를 더 많이 소비하죠. 그래서 저마다 무엇을 하며 또는 아무것도 안 하며 몇 시간 동안 머무는 것이 스타벅스에선 가능합니다.
바로 이것이 스타벅스가 다양한 형태의 커피 경쟁자를 모두 제압하고 시장을 선도하는 근본적인 이유 중 하나라고 봅니다. 그리고 그 경쟁력은 끊임없이 다듬고 발전시켜온 브랜드 컨셉에서 출발한다고 저는 생각합니다. Third Place란 브랜드 컨셉은 여전히 스타벅스에게 가장 잘 어울립니다.

Q. 그런데 네 종류의 브랜드 컨셉은 뒤로 갈수록 좋아지네요. 결국 스타벅스처럼 독보적인 브랜드가 되기 위해 고차원적인 컨셉이 필요한 것인가요?

A. 브랜드 컨셉은 비교를 통해 어느 것이 우월하다는 판단을 내리기 위한 것이 아닙니다. 다만 브랜드마다 처한 상황이 다르기에 그에 필요한 컨셉을 네 가지로 정리해보았습니다. 학문적인 성격의 절대적인 이론이 아닌, 현장에서의 경험을 바탕으로 이번 기회에 정리해보았습니다. 좋은 출발점이 되었으면 합니다.

Q. 그런데 브랜드가 처한 상황이란 무슨 의미인가요?

A. 다소 거창할지 모르겠으나 하나의 브랜드는 생명력을 지녔습니다. 태어나고 성장합니다. 때로는 위기도 겪습니다. 잘 극복하는 브랜드도 있지만 운명을 다하는 브랜드도 있죠. 컨셉 역시 이처럼 브랜드가 처한 상황을 반영해야 합니다. 컨셉은 쉽게 바꾸는 대상이 아니지만 분명 유연성도 발휘해야 합니다.

Q. 컨셉의 네 종류가 다르지만 결국 연결된 것 아닌가요?

A. 네, 예리하게 보셨네요. 네 종류의 컨셉은 다른 상황에 대처하지만 하나의 브랜드 관점에서 바라보면 연결되어 있습니다. 그래서 스타벅스처럼 완벽해 보이는 글로벌 브랜드조차 위기를 겪을 땐 컨셉의 가장 기본으로 돌아가곤 합니다. 실제로 스타벅스는 2008년에 그렇게 했습니다.

Q. 무슨 일이 있었나요?

A. 역설적이지만 비즈니스가 성공 가도를 달리며 스타벅스에 위기가 찾아왔습니다. 몰려드는 고객에 대응하고자 브랜드의 정체성을 외면했고, 수익 증대에 집착하며 샌드위치와 같은 커피가 아닌 부차적인 것에 신경 쓰기 시작했습니다. 고객은 그런 스타벅스가 예전 같지 않다며 불평했고 주가는 하락했습니다.

2008년 1월, 회장직에서 물러났던 창업자 하워드 슐츠가 컴백합니다. 그리고 곧바로 미국 내 7,100여 개 스타벅스 매장을 2월 26일 반나절 동안 닫아버렸죠.

최고의 에스프레소를 만들기 위해
잠시 시간을 갖고자 합니다.

훌륭한 에스프레소는 숙련된 기술을 요구합니다.
그래서 지금 그 기술을 연마하는 데 전념하겠습니다.
· · · · · · · · ·
2월 26일 잠시 매장을 닫겠습니다.
오후 5:30 ~ 9:00

스타벅스는 언제나 최고가 되고자 노력하고 있습니다.
2월 27일 오전 7시에 훌륭한 에스프레소로 다시 뵙겠습니다.

Andy Dubois
매장 매니저

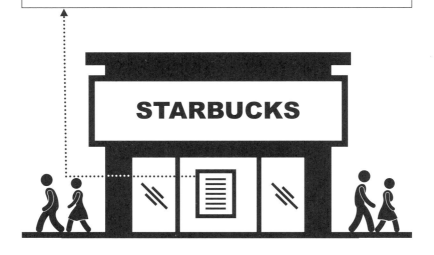

* 실제 공지 내용을 번역했으며, 시간은 매장 사정에 따라 다릅니다.
* 위에 기재된 매장 매니저 Andy Dubois는 가상의 인물입니다.

스타벅스는 위기를 극복하기 위해 최초의 브랜드 컨셉으로 돌아가 흔들리는 정체성을 재정비합니다. 정통 이탈리아 에스프레소. 네, 바로 커피입니다.

Q. Third Place가 아닌 에스프레소 커피였군요.
A. 글로벌 브랜드로 성장한 지금의 관점으로 장소에 집중했다면 전혀 다른 행보를 보였겠죠. 커피 이외의 제품을 강화해라, 굿즈를 더 다양하게 갖추어라, 매장 인테리어를 새롭게 디자인하라, 매장 내 음악을 재점검하라. 이처럼 핵심을 빗겨 갔겠죠. 컨셉은 발전해도 본질적인 정체성은 잊지 않아야 합니다.

Q. 마지막으로 궁금한 점이 있어요. 사실 아까부터 느꼈는데, 브랜드 컨셉이 앞서 나온 브랜드 포지셔닝 스테이트먼트와 유사하다고 볼 수 있을까요?
A. 맞습니다. 컨셉은 해당 브랜드를 가장 압축적이며 직관적으로 표현한 것이라 볼 수 있습니다. 그리고 그것을 상대적으로 충분히 풀어서 기술한 것이 브랜드 포지셔닝 스테이트먼트라고 할 수 있습니다. 반대로 브랜드 포지셔닝 스테이트먼트를 바탕으로 브랜드 컨셉을 압축해서 뽑아낼 수도 있습니다.

온디맨드On-Demand

마지막으로 첨언하고 싶은 것이 있는데, 바로 브랜드 컨셉은 필요하면 언제라도 동전을 넣고 원하는 음료를 살 수 있는 자판기가 아니라는 사실입니다. 브랜드 차별화가 가능한 시기가 쉽게 찾아오지 않기 때문입니다. 기술, 품질, 트렌드, 사회적 상황, 소비자 인식 수준 등, 브랜드를 둘러싼 변수가 충분히 뒷받침되어야 합니다.

맥락Context

브랜드 컨셉이 아무리 좋아도 이와 같은 다양한 변수를 고려하지 않고 무리하게 맞설 경우, 소비자에게 받아들여질 가능성은 희박합니다. 마케팅은 이처럼 때를 기다리는 지혜도 필요합니다. 그래서 마케터는 레이더를 켜고 브랜드를 둘러싼 전반적인 상황과 맥락을 항상 예의주시하며, 경쟁을 주도할 기회를 감지해야 합니다.

구성 : A+B

- A(P.O.D) : (타 브랜드 대비) 구체적인 차이점
- B(Identity) : 현실적인 브랜드 정체성

상황 : Context

- 기존에 존재하지 않는 새로운 시장을 창출해 진입하는 최초의 브랜드
- 타깃 소비자는 브랜드가 소개하는 제품 또는 서비스가 생소한 상태
- 따라서 해당 브랜드의 물리적 속성 또는 효익에 기반한 컨셉 필요

구성 : A+B

- A(P.O.D) : (타 브랜드 대비) 추상적인 차이점
- B(Identity) : 현실적인 브랜드 정체성

상황 : Context

- 시장성이 충분하다고 판명되고 여러 경쟁 브랜드 진입
- 이제 타깃 소비자는 물리적 속성 또는 효익에 충분히 익숙
- 경쟁우위가 사라진 지금, 차이점(P.O.D)의 의미 또는 가치를 담은 컨셉 필요

❸ Redefining : 재정의하는 브랜드 컨셉

구성 : A+B
* A(P.O.D) : (타 브랜드 대비) 구체적인 차이점
* B(Identity) : 이상적인 브랜드 정체성

상황 : Context
* 기존의 도전자(Challenger) 브랜드 또는 시장에 진입하는 신규 브랜드
* 챔피언(Champion) 브랜드에 맞서 새로운 영역(Category) 구축 시도
* 인식의 충돌을 피하기 위해 1차원적 속성을 뛰어넘는 컨셉 필요

❹ Exclusive : 독보적인 브랜드 컨셉

구성 : A+B
* A(P.O.D) : (타 브랜드 대비) 추상적인 차이점
* B(Identity) : 이상적인 브랜드 정체성

상황 : Context
* 시장이 성숙기 또는 쇠퇴기에 접어들어 성장세를 기대하기 어려운 상황
* 강력한 경쟁자가 기존이 아닌 새롭게 탄생한 다양한 시장에서 등장
* 따라서 비즈니스를 다시 규정하고 새로운 가치를 제공하는 컨셉

앞에서 얘기했던 그 모든 것.
우리는 왜 굳이 스타벅스에서 할까요?

소비자가 사랑하는 브랜드는 정말 많습니다.
하지만 하나의 문화가 된 브랜드는 드뭅니다.

기업은 브랜드 컨셉이 중요하다는 사실을 압니다.
그러나 그만큼 개발하고 관리하는지 궁금합니다.

아는 만큼 '브랜드 북(Brand Book)'이 당연했으면 합니다.
그리고 그것을 바탕으로 제대로 관리하길 희망합니다.

경험해보니 그렇지 않은 브랜드가 정말 많았습니다.
컨셉과 포지셔닝이 불명확했고 쉽게 바꾸곤 했습니다.

현실적으로 모든 브랜드가 그럴 수 없다는 것도 압니다.
그래도 전략 브랜드만큼은 컨셉이 명확하길 바랍니다.

[UNIT 8]

인사이트 INSIGHT

인사이트? 그까이꺼…

예리한 관찰력으로 사물을 훤히 꿰뚫어 봄

음…, 좀 색다른 건 없을까?

tvN 인문교양 프로그램 묶어 브랜드화… '인사이트'

'어쩌다 어른', '리틀빅히어로' 등, 인문·교양 분야에서 다양한 프로그램을 시도해온 tvN이 본격적으로 교양 콘텐츠 브랜드를 만든다고 24일 밝혔다.

tvN은 이날 오후 방송할 '책 읽어드립니다'를 비롯해 다음달 '김현정의 쎈 터:뷰', 12월 '시프트'까지, '인사이트'라는 브랜드 이름 아래 선보이겠다고 설명했다.

○○○ CJENM미디어 ○○사업부 상무는 "참신한 예능 소재를 발굴하고, 장르를 넘나드는 드라마를 선보이며 콘텐츠 포트폴리오를 확대해온 tvN이 발견의 즐거움을 추구하는 tvN만의 교양 장르 '인사이트' 브랜드를 론칭한 다." 고 말했다.

그는 이어 "새로운 시대의 흐름과 시청자들의 눈높이, 소셜 트렌드에 대한 니즈에 맞춰 다양한 시야와 아이디어, 생각의 전환점을 제안하는 콘텐츠로 새로운 장르를 만들어갈 것"이라고 덧붙였다.

tvN '인사이트'는 향후 시청자들의 관심과 지적 욕구를 채워줄 다채로운 콘 텐츠를 지속해서 개발할 계획이다.

〈연합뉴스〉, 2019년 9월 24일

그런데 참 이상한 사실은,
인사이트에 한발 다가갔다고 생각했는데
녀석과의 거리는 항상 그대로였습니다.

인사이트INSIGHT
또는 통찰력이라 부르죠.

한마디로 악마 같은 녀석입니다.
엄청난 힘을 지녔습니다.

시장을 창출하거나 파괴합니다.
경쟁의 판을 갈아엎기도 합니다.

그래서 모두 미치도록 원합니다.
하지만 쉽게 허락되지 않습니다.

음…, 솔직히 고백하면
저는 이 녀석이 싫었습니다.

이 녀석을 발견하는 것이
너무 고통스러웠기 때문입니다.

하지만 동시에 이 녀석을 짝사랑했고
오롯이 제 것으로 만들고 싶었습니다.

만약 이 녀석이 제 영혼을 팔라고 제안하면
주저하지 않고 그러고 싶을 만큼.

도대체 인사이트란 무엇일까요?

이 녀석만큼은 제 뜻대로 되지 않았습니다.

더 준비된 모습으로 이 녀석에 맞서고 싶었습니다.
하지만 그런 사치스런 바람은 허락되지 않았습니다.

일상의 업무는 바쁘게 돌아가기 일쑤였고
모든 프로젝트는 강력한 인사이트를 기대했습니다.

수많은 전문가가 인사이트에 대해 얘기했습니다.
하지만 마케팅 현장에서 실질적인 도움이 되지 못했습니다.

20여 년의 광고쟁이 경험을 기억해보니
인사이트는 두 가지 모습으로 등장했습니다.

그 첫 번째 모습.

"(여기에서) 인사이트가 뭐죠?"

만약 회의 때 누군가 이렇게 말한다면,

그것은 지금 발표한 내용이

마음에 들지 않는다는 뜻입니다.

그 두 번째 모습.

"야~, 그거 인사이트 있더라."

회사 동료 중 누가 이런 말을 한다면,

그가 본 마케팅 캠페인이 (또는 무엇이)

마음에 든다는 뜻입니다.

희로애락이 가득했던 지난 시간을 뒤로하고
저는 광고업계를 떠났습니다.

이제 이 녀석 때문에 스트레스를 받는 일은 없습니다.
대신 한발 떨어져 제3자의 시선으로 이 녀석을 봅니다.

그랬더니 이제 이 녀석이 조금씩 저에게 다가오네요.
욕심을 내려놓으니 이 녀석과 조금 친해졌습니다.

"그렇지, 왜 이 생각을 못 했을까?"
인사이트는 우리의 무릎을 치게 만들죠.

팩트(Fact) 뒤에 숨겨진 진실(Truth)입니다.
소위 사각지대(Blind Side)라고도 합니다.

가끔은 강력하기에 저항에 부딪히기도 합니다.
하지만 차별화는 인사이트에서 시작합니다.

인사이트가 없다?

상급자는 집요하게 인사이트를 내놓으라고 다그치지만 딱히 인사이트라고 할 것이 없습니다. 왜 그럴까요? 대부분의 마케팅 캠페인은 소비자의 관심을 끌지 못합니다. 그 이유는 앞서 언급했듯이 기업이 제품 또는 서비스의 기능, 속성, 특징, 뉴스, 주장과 같은 팩트(Fact)를 주로 다루고 있기 때문입니다.

인사이트는 때가 있다?

따라서 모든 마케팅 캠페인에 다짜고짜 인사이트를 요구하는 것은 애초에 무리입니다. 비즈니스에서는 개선이 축적되어야 비로소 혁신이 등장할 시기가 무르익게 됩니다. 인사이트도 마찬가지입니다. 지금의 비즈니스 상황에 만족하지 못하는, 그래서 변화를 갈구하는 주체가 등장할 때 인사이트가 나타날 가능성이 커집니다.

인사이트는 차별화의 출발점

소위 변곡점이 필요한 시점이 있습니다. 새로운 시장을 창출하거나, 기존 시장에 새롭게 진출하거나, 시장의 판도를 뒤흔들거나. 그런데 이때 변곡점을 성공적으로 만들기 위한 출발점이 되는 것이 바로 인사이트입니다. 즉, 비즈니스 관점에서 중요한 승부에 임할 때 인사이트가 있다면 승리할 확률이 높습니다.

마치 스텔스(Stealth) 전투기처럼 인사이트는 쉽게 감지되지 않습니다. 조사한 자료, 보이는 현상, 직·간접적인 경험 등을 바탕으로 인사이트에 접근하는 방법밖에 없습니다. 하지만 이것을 찾아서 내 것으로 만들면 강력한 무기가 됩니다. 레이더를 뚫고 적진 깊숙이 침투해 미사일을 발사하고 시장에 균열을 가할 수 있습니다.

지금 시장의 주도권은 다른 브랜드에 있습니다.
경쟁자, 소비자, 시장은 우리 브랜드에 별로 관심이 없습니다.
인사이트는 우리가 목표한 대상에게 멋진 한 방을 선사합니다.
그리고 이를 통해 반전의 발판을 마련할 수 있습니다.

상대에게 치명적인 타격을 줄 수 있습니다.
예상과 달리 별다른 타격이 없을 수도 있습니다.
그리고 어쩌면 불발탄이 될 수도 있습니다.
인사이트, 이제 사례를 통해 조금 더 살펴볼까요?

시장이 생겨나면 수많은 브랜드가 진입합니다.
브랜드가 많을수록 좋을 줄 알았는데 너무 어지럽습니다.
그래서 소비자는 몇 개 브랜드로 정리되길 기대합니다.

차츰 브랜드 사이의 우열이 가려지고 질서가 자리잡습니다.
그런데 강력한 브랜드 몇 개면 좋을 줄 알았는데 너무 심심합니다.
소비자는 다시 뭔가 색다른 브랜드가 등장하길 기대합니다.

국내 맥주 시장이 이와 유사한 모습을 보여줍니다.
소위 주류 3사가 차지하는 시장점유율은 여전히 엄청납니다.
그러나 소비자는 오래전부터 권태로움을 느끼고 있었습니다.

그들의 관심은 다양한 수입 맥주와 수제맥주로 향합니다.
아직은 주류 3사의 주력 브랜드가 높은 시장점유율을 기록합니다.
하지만 상대적으로 지루해 보이는 느낌은 피하기 힘듭니다.

그러던 2019년 3월, 하이트진로가 먼저 움직입니다.
호주의 청정맥아를 담아 탄생한 테라(TERRA)를 출시합니다.
100% 리얼 탄산의 청정라거라고 거침없이 외칩니다.

소비자는 반응했고 테라는 최단기간 100만 상자 출고 기록을 세웁니다.
100일 만에 1억 병, 200일 만에 약 3억 병, 500일 만에 10억 병을 돌파합니다.
하이트진로는 마침내 하이트(HITE)의 뒤를 이을 차세대 스타를 만듭니다.

이로 인해 테라는 출시 첫해부터 수많은 브랜드 관련 상을 거머쥡니다.
이제 다음 페이지에서 테라의 캠페인 영상을 우선 확인하기 바랍니다.
개인적으로 네 번째 영상의 CG는 기억에 남을 만큼 완성도가 압도적입니다.

브랜드 : 하이트진로 테라TERRA
업로드 : HITEJINRO 유튜브 채널, 2019년 3월 13일
제목 : 청정라거 – 테라 : TERRA CF (30)

브랜드 : 하이트진로 테라TERRA
업로드 : HITEJINRO 유튜브 채널, 2019년 4월 11일
제목 : 청정라거 – 테라 TERRA CF : 청정맥아 편 (30)

브랜드 : 하이트진로 테라TERRA
업로드 : HITEJINRO 유튜브 채널, 2020년 7월 24일
제목 : 청정라거 – 테라 TERRA CF : 청정빅뱅 편 (30)

브랜드 : 하이트진로 테라TERRA
업로드 : HITEJINRO 유튜브 채널, 2021년 7월 9일
제목 : 청정라거 – 테라 TERRA CF : 100% 리얼탄산 편 (30)

브랜드 : 하이트진로 테라TERRA
업로드 : HITEJINRO 유튜브 채널, 2022년 1월 12일
제목 : 청정라거 – 테라 TERRA CF : 청정여행 편 (30)

하이트진로는 테라로 선제 공격을 감행합니다.
예상했던 것보다 더 강력한 위력을 발휘합니다.
100% 리얼 탄산이란 회오리는 이내 태풍으로 변합니다.

그 강력함에 놀란 OB맥주는 반격이 절실합니다.
테라의 상승세를 꺾고 주도권을 다시 가져와야 합니다.
그런데 카스(Cass)가 아닌 새로운 녀석이 필요합니다.

2021년 2월 1일, 드디어 한맥(HANMAC)을 출시합니다.
그리고 이병헌 씨를 모델로 마케팅 캠페인을 전개합니다.
그런데 티저 영상에서 그가 아주 흥미로운 말을 합니다.

100% 리얼 탄산, 그래서 청정라거.
돌풍의 주역인 테라가 끊임없이 던지는 메시지입니다.
즉, 탄산을 좋은 맥주의 기준으로 만들고 있습니다.

한맥은 이에 맞서기 위해 강력한 카운터 펀치가 절실합니다.
쉽지 않은 상황이지만 결국 강력한 소비자 인사이트를 발견합니다.
그리고 테라가 탄산으로 구축한 인식의 틀을 거부합니다.

"탄산은 느낌이지 맛은 아니잖아?"

Q. 정말 멋진 카피네요. 저도 이 말을 듣고 바로 공감했습니다.

A. 그렇죠? 그런데 카피이기 이전에 강력한 인사이트라고 할 수 있습니다.

Q. 이런 인사이트는 어떻게 나왔을까요? 정말 궁금하네요.

A. 단번에 나왔을 수도 있고 산고(産苦) 끝에 나왔을 수도 있습니다. 또 어쩌면 특별히 인사이트라 합의된 것이 없는데 카피라이터가 카피로 뽑아낸 것일 수도 있습니다. 우리는 해당 마케팅 프로젝트에 참여한 관계자가 아니기에 진실은 알 수 없습니다. 다만 결과를 바탕으로 추정해보는 것은 충분히 가능합니다.

Q. 그것이 가능한가요? 무슨 공식 같은 것이 있나요?

A. 하하, 저도 그런 것이 존재했으면 정말 좋겠습니다. 아쉽지만 그런 것은 애초에 불가능합니다. 그 대신 인사이트에 가까워지기 위해 밑그림을 그려보는 것은 가능하다고 생각합니다. 우리가 알고 있는 수많은 예술가의 작품도 밑그림부터 시작하듯이 인사이트도 결과를 바탕으로 밑그림을 그려볼 수 있습니다.
인사이트. 처음엔 느낌으로 감지합니다. 아직 불분명하지만 감지되는 영역에서 생각이 맴돌기 시작합니다. 결국 그 생각을 글을 통해 구체화하며 문장으로 형상화(形象化)합니다. 이를 위해 핵심 부품과 같은 역할을 하게 될 세 가지 표현을 소개하겠습니다. 바로 'I Want', 'Because', 그리고 'But'입니다.

I Want : 나는 ~~~을 원한다.
Because : 왜냐하면 ~~~이기/하기 때문이다.
But : 그러나 ~~~이다.

Q. 흥미롭네요. 어떻게 활용할 수 있는지 한번 보여주시겠어요?

A. 네. 그러면 한맥에서 나온 인사이트에 적용해보겠습니다.

I Want : 나는 맛있는 라거 맥주를 원한다.

Because : 풍부한 탄산이 시원한 청량감을 주기 때문이다.

But : 그러나 생각해보니 청량감은 맛의 종류가 아니다.

* 인사이트(초안) *

나는 탄산이 주는 청량감 때문에 라거를 좋아한다.
그런데 생각해보니 청량감은 맛의 종류가 아니다.

* 인사이트(최종) *

사람들은 시원한 맥주가 아닌 맛있는 맥주를 원한다.
청량감은 맛이 아니라 느낌일 뿐이다.

* 실전 배치(카피) *

탄산은 느낌이지 맛은 아니잖아?

Q. 와, 이렇게 보니 인사이트가….
A. 아, 생각보다 별로인가요?

Q. 아니오. 마치 인사이트의 얼굴을 본 것 같아요. 이전까진 이름만 알던 사람….
A. 그런가요? 이를 잘 활용해 인사이트를 찾고 정리하는 데 도움이 되길 바랍니다.

Q. 혹시 더 해주실 말씀은 없나요?
A. 마침 하려던 참이었어요. 아래에 조심스레 적어보겠습니다.

첫째, 충분한 조사가 우선입니다. 프로젝트에 대한 전반적인 상황을 이해하고 조사한 자료를 소화했을 때, 비로소 인사이트에 접근할 준비가 된 것입니다.

둘째, I-Want는 유연합니다. 주어(I)와 동사(Want)는 상황에 맞게 변경 가능합니다. 따라서 문장을 I-Want 형태에 억지로 끼워 맞추지 않아도 됩니다.

셋째, 반전(反轉)이 핵심입니다. 바로 But에 해당하는 문장이며 우리가 미처 깨닫지 못한 숨겨진 진실입니다. 반전이 클수록 인사이트는 드라마틱합니다.

넷째, 'I Want - Because - But'은 만능 치트키가 아닙니다. 인사이트는 결코 만만한 상대가 아닙니다. 인사이트를 찾기 위한 하나의 출발점으로 활용하세요.

Q. 네, 알겠습니다. 꼭 기억하고 유연하게 활용하겠습니다.
A. 잊지 마세요. 인사이트를 소유하려 하지 말고 친구가 되도록 노력하세요.

Q. 그나저나 한맥은 어떻게 되었나요? 테라와 격전을 벌이는 중인가요?
A. 지금 두 브랜드 사이의 우열을 선언적으로 판단하는 것은 이른 시기라고 생각합니다. 우선 한맥의 마케팅 캠페인 영상을 마저 확인해볼까요?

브랜드 : 오비맥주 한맥HANMAC
업로드 : 한맥 HANMAC 유튜브 채널, 2021년 2월 26일
제목 : [한맥] 상쾌한 풍미의 K-라거를 찾아서(30s)

브랜드 : 오비맥주 한맥HANMAC
업로드 : 한맥HANMAC 유튜브 채널, 2021년 4월 19일
제목 : [한맥] 소비자 의견 반영 프로세스로 완성한, 상쾌 풍미 K-라거(30s)

브랜드 : 오비맥주 한맥HANMAC
업로드 : 한맥HANMAC 유튜브 채널, 2021년 6월 7일
제목 : [한맥] 우리만의 원료와 방식으로 찾아낸, 상쾌 풍미 K-라거(30s)

브랜드 : 오비맥주 한맥HANMAC
업로드 : 한맥HANMAC 유튜브 채널, 2021년 11월 4일
제목 : 한맥이 가장 잘 어울리는 그곳, 힙맥 플레이스(HIPMAC PLACE)(60s)

Q. 쌀이 들어가는군요. 그런데 예전에도 비슷한 제품이 있지 않았나요?

A. 맞습니다. 사실 OB맥주는 2003년 4월에도 쌀을 함유한 OB라는 브랜드를 출시했습니다. 그리고 500㎖ 기준으로 3.56g의 쌀이 들어간 맥주였습니다.

Q. 맞아요. 그리고 파란색 라벨이었죠. 그런데 안 보인 지 꽤 오래되지 않았나요?

A. 네, 그렇습니다. 성공 또는 실패라는 이분법적인 시각으로 평가하면 실패입니다. 하지만 부드러운 목 넘김을 맥주의 새로운 속성으로 인식시켰습니다.

Q. 그런데 쌀을 첨가한 맥주를 다시 출시하는 것이 좋은 선택일까요?

A. 마케팅은 제품이 아닌 인식의 싸움이란 유명한 말이 있습니다. 쌀은 여전히 맥주 소비자의 인식 속에 자리잡고 있지 않기에 아직 기회가 있습니다. 또한 그때와 지금은 모든 상황이 다르기에 충분히 다른 결과를 기대할 수 있습니다.

Q. 그렇다면 한맥은 테라의 돌풍을 잠재웠나요?

A. 언론 보도를 살펴보니 그렇지는 않습니다. 이는 한맥의 매출이 저조하다기보다 테라의 열풍이 워낙 강력하기 때문입니다. 테라는 출시한 지 불과 2년 만에 누적 판매 16억 5,000만 병을 돌파했습니다. 이를 계산하면 1초에 26병이 판매된 것으로, 역대 국산 맥주 브랜드 중 가장 빠른 판매 속도입니다.

Q. 테라의 기록적인 판매를 등에 업고 하이트진로는 맥주 시장 1위로 올라섰나요?

A. 하이트(HITE)는 16년 연속 판매 1위를 기록하며 마침내 하이트진로가 OB맥주를 누르고 맥주 시장 1위에 올랐었죠. 그러나 카스(Cass)의 위세를 앞세운 OB맥주에 1위 자리를 내준 이후, 10년 넘게 2위 자리에 머물고 있었습니다. 다행히 테라의 성공으로 인해 정체기를 벗어나 다시 점유율을 회복하고 있습니다.

Q. 그렇다면 하이트진로 테라의 승리로 봐야 할까요?

A. 우선 하이트진로는 OB맥주가 한맥으로 대응하도록 만들었습니다. 즉, 주도권을 잡고 있다는 뜻입니다. 한맥은 테라에 미치지 못하고 있습니다. 하지만 테라도 카스를 넘어서지 못하고 있습니다. 양사의 맥주 대전은 오랫동안 지속하였기에 테라와 한맥의 경쟁도 관심을 가지고 계속 지켜봐야 할 것입니다.

PSY X ENERGY FACTORY

"싸이와 화장품"

"화장품과 싸이"

"이건 내가 생각해도 좀 아니다."

"근데, 뭘 좀 아는 형이 남자들을 위해 화장품을 만들었다."

"그러면 얘기가 달라지는 거 아닌가?"

유튜브 영상 URL : https://url.kr/kv6lw3
* 브랜드의 공식 유튜브 채널에 업로드되지 않아 URL로 대신합니다.*

니가 왜 거기서?

2001년 1월, 한 가수의 뮤직비디오가 우리의 눈과 귀를 사로잡습니다. 노래는 '새', 그리고 가수 이름은 '싸이(PSY)'랍니다. 똘끼가 느껴지는 그만의 개성은 우리를 열광시킵니다. 이후 가끔 좌충우돌했지만 그래도 밉지 않은 캐릭터. 그러던 2013년 1월, 그는 갑자기 남자 화장품 브랜드와 함께 우리 앞에 나타납니다.

기상천외한 콜라보레이션

소망화장품(現 코스모코스)은 남성 화장품 에너지 팩토리를 출시하며 싸이를 등장시킵니다. 그를 단순히 모델로 기용하는 것에 그치지 않고 제품 기획부터 패키지 디자인, 마케팅까지 전 분야에 걸쳐 협업을 진행한 프로젝트입니다. 맨즈밤(Man's Balm)을 필두로 기초부터 기능성 화장품까지 총 11가지 제품을 선보입니다.

기대 이상의 반응이 나옵니다. 출시 전 선주문량이 10만 개를 넘었고, 출시 3주 만에 일부 품목은 온·오프라인 매장에서 품절 현상을 빚습니다. 결국 첫 달 판매는 목표치의 2배에 달하는 20만 개를 기록합니다. 소망화장품 측은 애초 타깃 소비자로 잡았던 20대 남성을 넘어 30·40대 남성까지 반응을 보인 것으로 분석합니다.

뜨거운 반응에 녹아 있는 인사이트

한편 에너지 팩토리는 유튜브에 론칭 및 본편 등, 총 8개 캠페인 영상을 공개합니다. 반응은 판매보다 더 뜨거워 공개 이틀 만에 조회수 11만 뷰를 돌파하고, 3주 만에 100만 뷰를 돌파하는 놀라운 조회수를 기록합니다. 이는 우리가 화장품에 관해 가지고 있는 고정관념을 깨뜨린 인사이트에서 시작했다고 저는 해석합니다.

그리고 그 인사이트는 브랜드 컨셉에 녹아들어 우리가 흔히 접하는 남성 화장품과 다른 모습을 지닌 에너지 팩토리를 출시하게 되었다고 봅니다. 잘생긴 남자 연예인을 앞세웠던 이전의 남성 화장품과 다를 수 있었던 에너지 팩토리만의 인사이트는 무엇일까요? 다음 페이지에 정리해보았습니다.

I See : 여자 화장품은 항상 예쁜 여자를 보여준다.

Because : 예뻐지기 위해 예쁜 여자를 참고하기 때문이다.

But : 그러나 남자는 잘생긴 남자를 참고하지 않는다.

* 인사이트(초안) *

여자는 예뻐지기 위해 예쁜 여자에 집중한다.
그러나 남자는 잘생긴 남자에 별 관심이 없다.

* 인사이트(최종) *

여자 화장품 소비자는 예쁜 여자에 반응하지만
남자 화장품 소비자는 친근한 남자에 더 공감한다.

* 실전 배치(컨셉) *

화장품을 좀 아는 친한 형이 만든 남자 화장품

UL·OS

〈 모델 & 노래 : 차태현 〉

김대리는 훈~남, 박대리는 폭~탄♩
차이는 피부야 우르오스! 우르오스! ♬
김과장은 오~빠, 이과장은 아저씨 ♪
차이는 피부야 우~르~오~스! ♬

피부 전진 우르오스

유튜브 영상 URL : https://url.kr/6kzgae
* 브랜드의 공식 유튜브 채널에 업로드되지 않아 URL로 대신합니다.*

꺾여버린 날개

인상적인 데뷔를 한 에너지 팩토리는 이후 어떻게 되었을까요? 아쉽지만 활짝 펼쳤던 날개는 경영 관련 이슈로 이내 꺾여버렸습니다. 브랜드는 여전히 존재하지만 눈에 띄는 마케팅 활동은 감지되지 않습니다. 비즈니스는 마케팅 외에도 변수가 참 많음을 다시 한 번 느끼며, 내친김에 남자 화장품 사례를 하나 더 소개할까 합니다.

오빠 피부

싸이라는 인물의 임팩트가 상대적으로 더 강렬했지만, 사실 에너지 팩토리보다 앞서 출시된 남자 화장품 브랜드가 있습니다. 2012년 3월, 한국오츠카제약은 차태현 씨를 마케팅 캠페인 모델로 내세우며 우르오스(UL·OS) 브랜드를 출시합니다. 특히 '오빠 피부'라는 캠페인 메시지를 통해 빠르게 브랜드 인지도를 확보합니다.

그리고 '우르오스 CMR공식'이란 유튜브 영상을 통해 다양한 제품을 소개합니다.
① 클렌징(Cleansing) : 우르오스 스킨워시
② 모이스처라이징(Moisturizing) : 우르오스 스킨로션, 우르오스 스킨밀크
③ 리프레싱(Refreshing) : 우르오스 리프레쉬 시트

갈림길

2014년 2월, 차태현과 함께 2년 동안 진행한 캠페인을 통해 충분한 인지도를 확보한 우르오스는 새로운 모델 정우와 함께합니다. 그런데 이때부터 우르오스의 행보가 달라집니다. 우선 '오빠 피부'를 과감히 버립니다. 그리고 여러 제품이 아닌 주력 제품 두 개를 내세워 올인원(All-in-One) 카테고리를 지속해서 공략합니다.
메시지가 오빠 피부(가치)에서 올인원(팩트)으로 바뀌어 혹자는 이전보다 못하다고 평할 수도 있습니다. 하지만 이는 우열이 아닌 선택의 문제일 뿐입니다. 우르오스는 남자 소비자에 관한 정확한 인사이트를 발견하고 이를 바탕으로 마케팅을 전개합니다. 결국 우르오스는 남자 화장품 시장의 대표 브랜드 자리에 오릅니다.

브랜드 : 한국오츠카제약 우르오스ULOS
업로드 : OTSUKA ULOS 유튜브 채널, 2014년 2월 12일
제목 : [우르오스] 정우(Jung Woo)의 우르오스 모이스처라이저 TVCF
20초 A안

브랜드 : 한국오츠카제약 우르오스ULOS
업로드 : OTSUKA ULOS 유튜브 채널, 2016년 12월 21일
제목 : 모이스처라이저 15초 버전

브랜드 : 한국오츠카제약 우르오스ULOS
업로드 : OTSUKA ULOS 유튜브 채널, 2017년 12월 20일
제목 : [우르오스] 모이스처라이저 2018 TV Commercial

브랜드 : 한국오츠카제약 우르오스ULOS
업로드 : OTSUKA ULOS 유튜브 채널, 2019년 5월 1일
제목 : 우르오스 스킨워시 2019년 캠페인

브랜드 : 한국오츠카제약 우르오스ULOS
업로드 : OTSUKA ULOS 유튜브 채널, 2021년 12월 31일
제목 : 남자피부관리 제.대.로 하는 법(15초 만에 알려드림)

I Want : 나는 괜찮은 남자 화장품을 원한다.

Because : 남자도 화장품으로 관리하는 시대이기 때문이다.

But : 하지만 여자가 들이는 만큼의 정성은 불가능하다.

* 인사이트(초안) *

화장품을 사용해도 남자는 남자다.

복잡한 것은 귀찮고 성가시다.

* 인사이트(최종) *

여자는 단계별 스킨케어에 익숙하다.

반면 남자는 한 번에 관리하길 원한다.

* 실전 배치(사업 방향) *

남자는 복잡한 것을 싫어하니 올인원 시장에 집중

"순서대로 바르면
순서대로 좋아지지만

한 번에 바르면
한 번에 좋아지니까"

오라, 우르오스의 세계로

앞에 나온 우르오스의 두 번째 영상에서 나오는 카피입니다.
사실 논리적으로 말이 안 되는데, 이게 묘하게 공감이 됩니다.

이처럼
인사이트의 쓰임새는
다양합니다.

광고 카피
브랜드 컨셉
사업 방향 등,

다양한 영역에
직·간접적으로
영향을 미칩니다.

마지막으로
하나 더,
이번엔 제품 기획.

우리의 열혈남아, 정 본부장

"여러분도 알다시피 SUV 열풍이 지속되고 있습니다.
임원 회의에서 SUV 라인을 더욱 강화하기로 했습니다.
좋은 제품 기획 아이디어 있으면 말씀해보세요."

* 제품 기획 아이디어 회의 *

오늘도 선빵불패, 박 과장

"기존의 대형 및 중형 SUV에 이어 출시한 소형 모델에 대한 반응이
폭발적입니다. 여세를 몰아 더 작은 미니 SUV가 나왔으면 합니다.
그리고 콤팩트 SUV까지 출시해서 SUV 라인을 완성하면 어떨까요?"

* 제품 기획 아이디어 회의 *

팀원은 무슨 생각을 할까요?

김 부장 : 그럼, 나는 초대형 SUV를 제안할까?

원 차장 : 아, 내가 먼저 얘기했어야 하는데….

유 사원 : 미니랑 콤팩트랑 어느 게 더 작은 거지?

서 인턴 : 미니? 콤팩트? 소형과 뭐가 다르지?

정 본부장 : 어휴, SUV로 사골을 끓이는구나….

* 제품 기획 아이디어 회의 *

우리의 아이디어맨, 최 대리

"사실 제가 예전부터 생각한 건데
이번에 조사해보니 상황이 좋은 것 같아요.
음… '2인승 SUV' 어때요?"

* 제품 기획 아이디어 회의 *

태클이 쏟아집니다.

김 부장 : 글쎄, 2인승 SUV를 누가 사나?

원 차장 : 지금도 2열 접으면 2인승 아닌가?

박 과장 : 그래도 최소 4명은 승차해야 하지 않아?

유 사원 : 너무 작지 않나요? 짐은 어디에…?

서 인턴 : 미니? 콤팩트? 소형? 전 헷갈려요.

정 본부장 :
왜 2인승이지?

최 대리 : 우리는 늘 생산자 시각에서 접근하는 것 같아서요. 기계적 관점으로 시작
해 결국 크기로 수렴하잖아요. 이미 대형, 중형, 그리고 소형 모델이 라인
업에 있으니 이제부턴 소비자의 시각으로 접근하는 모델이 하나쯤 나올
때가 아닌가 생각합니다. 예를 들어, 소형으로 갈수록 크기는 작아지는데
기본 승차 인원은 계속 다섯 명입니다. 좁고 답답합니다.

원 차장 :
그래도 최소 네 명은 타야 하지 않을까?

최 대리 : 국토교통부 발표에 의하면 2021년 12월 기준, 자동차 등록 대수가 2,491
만 대입니다. 자동차 1대당 인구수가 2.07명입니다. 사실 네 사람이 함께
승차하는 경우는 의외로 드뭅니다. 제가 제안하는 2인승 SUV는 아무래도
젊은 소비자가 주요 타깃입니다. 네 사람까지 고려한다면 지금 반응이 좋
은 소형 모델로도 충분하다고 생각합니다.

박 과장 :
소형에서 2열 좌석 접으면 2인승 아닌가?

최 대리 : 지금 소형보다 더 작은 모델이 나온다면 아마 2도어 SUV일 거라 예상합
니다. 그런데 우리나라 생산자와 소비자 모두 '2도어 SUV = 2인승 SUV'
라는 고정관념이 있습니다. 2열은 승하차 시 불편하고, 2열은 접어서 좁
은 트렁크 공간을 대신한다고 생각하기 때문이죠. 결국 명목상 5인승 모
델이지만 실제론 2인승 SUV로 사용하는 셈이죠.

유 사원 :
그럼 트렁크는 큰 건가요, 작은 건가요?

최 대리 : 우선 차량 크기가 지금 소형 SUV 모델보다 작아야 한다는 생각에서 벗어
납시다. 클 수도 작을 수도 있어요. 하지만 2열을 없애는 만큼 승차하는
두 사람을 위한 공간은 기존의 소형보다 넓어야 합니다. 트렁크도 새로운
해석이 필요합니다. 단순히 짐칸이 아니라 타깃의 라이프 스타일에 맞춰
가치 있는 공간으로 디자인해야 합니다. (예 : 캠핑 차박용)

김 부장 :
음… 그러면 누가 타깃이 되는 건가?

최 대리 : 핵심 타깃 소비자는 혼자 사는 '나혼산족(族)'입니다. 1인 가구의 비중은 이
미 몇 년 전부터 1위를 차지했고 최근 더 상승했습니다. 행정안전부가 발
표한 인구통계 자료를 보면 2021년 3분기 기준, 1인 가구 비중이 최초로
40%를 넘었습니다. 고령층을 제외하고 딩크족(DINK族)과 같은 2인 가구
를 서브 타깃으로 포함하면 시장 규모는 충분하리라 예상합니다.

정 본부장 :
그래 들어보니 인사이트가 있군…

최 대리 : 네, 이번 회의를 준비하며 본부장님이 항상 조언하신 대로 인사이트를 문
장으로 정리해봤습니다. 확실히 구체화하니 이를 바탕으로 아이디어가
더 활성화되는 것을 경험할 수 있었습니다.

정 본부장 : 좋아, 그럼 기획서 작성해서 올려봐. 트렌드 부분 더 보강해서.

최 대리 : 네, 알겠습니다. 감사합니다, 본부장님.

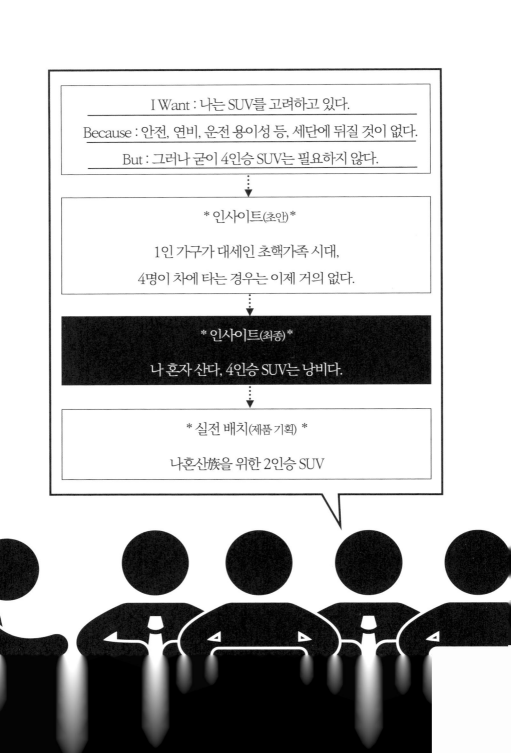

아, 그리고 한 가지 첨언하겠습니다.
2인승 SUV의 디자인은 강한 설득력이 있어야 합니다.
디자인의 중요성은 정말 중요하니까요.

이미 언급했듯이 우리는 고정관념을 깨기 싫어합니다.
오히려 깨지 말아야 할 이유를 찾으려 할 것입니다.
그런 우리를 유혹할 첫 번째 요인이 바로 디자인입니다.

그것에 맞서는 것이
바로 인사이트입니다.

그것이 무엇이냐고요?
이미 앞에서 언급했습니다.

우리가 당연하다고 믿는 것.
맞서면 안 된다고 생각하는 것.

정답, 고정관념, 상식, 편견,
격식, 이미지, 관행, 관습 등.

反逆

또 다른 시각으로 보면,
인사이트는 반역입니다.

그것에 반대하는 것입니다.
그것을 거부하는 것입니다.

실패하면 반란으로 끝나지만
성공하면 혁신에 가까워집니다.

인사이트를 발견하기란 쉽지 않습니다.
그러나 발견의 기쁨은 짜릿합니다.

이제 그 짜릿한 인사이트의 세계로 빠져봅시다.

[UNIT 9]

트렌드 TREND

"좋아, 그럼 기획서 작성해서 올려봐.

트렌드 부분 더 보강해서."

TREND

회의는 그렇게 마무리되었습니다.
그런데 정 본부장의 마지막 말, 트렌드.

우리가 거의 매일 접하는 단어.
특히 마케터는 항상 사용하는 단어.

알면 앞서가는 이미지를 주는 단어.
모르면 뒤처지는 이미지를 주는 단어.

그렇게 친숙해서 잘 알고 있다고 생각하는 단어.
하지만 생각해보니 딱히 배운 적 없는 단어.

철저하게 현장 경험을 바탕으로
조심스레 얘기해보려 합니다.

트렌드의 기원은 몇몇 유럽 언어에서 발견됩니다.
그런 이유로 특정 언어의 손을 들어줄 순 없습니다.

하지만 모두 '물'과 '흐름'을 뜻에 담고 있습니다.
그리고 유럽 역사에서 이는 바다에 적용됩니다.

결국 트렌드는 바닷물의 흐름, 즉 조류(潮流)를 뜻합니다.
이처럼 유럽인은 조류를 통해 바닷속 길을 찾고자 했습니다.

이와 관련된 유럽의 첫 번째 역사, 바로 바이킹(Viking)의 등장입니다.
우수한 선박과 뛰어난 항해술로 유럽 역사에 한 획을 그었습니다.

그들은 트렌드의 중요성을 이해했고 또 잘 활용했습니다.
콜럼버스보다 무려 500년 앞서 신대륙에 도달했기 때문입니다.

트렌드와 관련된 유럽의 두 번째 역사, 바로 대항해 시대입니다.
삼각형 모양의 돛을 단 범선, 카락(Carrack)을 앞세워 대서양으로 향했습니다.

그때까지 유럽인에게 대서양은 살아서 돌아올 수 없는 공포의 바다였습니다.
카락은 당시 최고의 범선이었지만, 그것만으론 대서양을 건널 수 없었습니다.

바닷물의 흐름, 즉 트렌드를 재빠르게 읽고 활용하는 것이 관건이었습니다.
대서양 횡단에 트렌드 역시 일조했고, 마침내 유럽은 역사의 전면에 섰습니다.

사실 트렌드를 들여다보면 두 가지가 보이는데, 바로 힘과 흐름입니다.
우선 트렌드에 힘이 없었다면, 거친 대서양을 건너지 못했을 겁니다.

그리고 그 힘은 순간적이거나 단발적이지 않고 어떤 큰 흐름을 만듭니다.
결국 카락은 그 흐름을 탔기 때문에 예상보다 먼 거리를 순항할 수 있었습니다.

그렇게 대항해 시대의 숨은 주역 중 하나였던 트렌드.
지난 세기부터 자본주의 경제 속으로 이동합니다.

경제 및 경영 관련 다양한 지표 속 흐름을 보여주는 트렌드.
우리는 오늘도 다양한 지표의 상승과 하락에 환호하고 낙담합니다.

그런데 이런 트렌드가 대중에게 가까이 다가선 분야가 패션이었습니다.
하지만 이로 인해 미처 예상하지 못한 일이 발생합니다.

패션과 유행(流行)

패션업계의 중요한 화두는 언제나 유행입니다. 그리고 항상 대중을 선도해야 합니다. 그런데 90년대 후반부터 트렌드란 단어가 수입됩니다. 그리고 2000년대 초반부터 본격적으로 중용됩니다. 이로써 물 건너온 외래어 트렌드는 유행이란 단어를 빠르게 대체합니다. 한마디로 있어빌리티*가 충만해집니다.

혼선이 낳은 결과

이로써 트렌드는 특정 집단이 사용하는 용어에서 벗어나 대중이 빈번하게 사용하는 일상어가 됩니다. 그리고 사회 전 분야로 빠르게 퍼져 갑니다. 하지만 뜻하지 않은 혼선이 빚어집니다. 트렌드와 유행은 다른 의미임에도 동의어로 인식되었고, 어느 순간부터 트렌드는 일회용품처럼 가볍게 취급되기 시작합니다.

트렌드의 진화

시간이 흐를수록 트렌드는 세분화하며 진화합니다. 그래서 전문가가 이를 정리합니다. 유행을 트렌드에 정착시키고, 오리지널 트렌드는 대·중·소 개념으로 다시 정리합니다. 오리지널 개념의 트렌드(中), 이보다 큰 메가트렌드(大), 그리고 이보다 작은 마이크로트렌드(小)까지. 여기서 다시 2인승 SUV 사례로 돌아가보겠습니다.

* 있어빌리티 : '있어 보인다'라는 표현과 능력이라는 뜻을 가진 영어 단어 'ability'를 결합. 실제보다 뭔가 더 있어 보이게 만드는 능력을 의미하는 신조어.

마켓 트렌드 : 진격의 SUV

어느덧 세단의 장점을 흡수해 자동차 시장의 대세로 떠오른 SUV!

세계 시장 판매 점유율 : 17%(2010) → 24%(2014) → 38%(2018) → 46%(2021)
국내 시장 판매 점유율 : 30% 돌파(2013) → 40% 돌파(2015) → 50% 돌파(2021)

자료 : IEA(국제에너지기구), KAMA(한국자동차산업협회)

인구통계학적 트렌드 : 4인 가구 해체

동화 같은 4인 가구는 잊어라, 1인 가구 천만 시대 육박!

1인 가구(40.1%) · 2인 가구(23.8%) · 3인 가구(17.1%) · 4인+ 가구(19.0%)
결혼 5년차 부부 무자녀 비중 : 12.9%(2015) → 14.9%(2017) → 18.3%(2019)

자료 : 행정안전부, 통계청

소비 트렌드 : 불황 경제

장기 불황이 낳은 소비자 심리, Two in One

가성비 : 어느 것 하나도 포기하고 싶지 않은 소비자
리스 & 렌털 꾸준한 성장 : 소유에 집착하지 않는 소비자
뉴 니즈 : SUV를 원하지만 지금 모델들은 내겐 투머치

2인승 SUV를 제안한 최 대리에게 정 본부장이 지시한 트렌드를 왼쪽과 같이 정리했습니다. 한 가지 눈여겨볼 사항은 트렌드를 다양한 관점에서 접근했다는 것입니다. 우리는 트렌드를 언급할 때 보통 소비자 트렌드라고 생각하는 경향이 있습니다. 하지만 트렌드는 어디에서나 발견되기에 범위를 소비자로 국한할 필요는 없습니다.

Q. 그렇다면 최 대리가 정리한 트렌드에 대한 당신의 반응은?
① 아, 이렇게 정리할 수 있겠네요!
② 트렌드 같기도 하고 유행 같기도 하네요.
③ 글쎄요, 이건 유행 아닌가요?

힘과 흐름

앞서 대항해 시대 부분에서 언급한 내용 기억하시나요? 트렌드를 들여다보면 힘과 흐름이 보인다고 했습니다. 이것이 바로 유행과 구분되는 트렌드의 중요한 특징입니다. 최 대리가 정리한 트렌드를 보면 공통점이 두 가지 있습니다. 그리고 그것은 바로 힘과 흐름에서 발전한 것입니다. 즉, 영향력과 지속성입니다.

힘은 영향력이 되어

트렌드의 한 축을 담당하는 힘은 영향력으로 변환됩니다. 따라서 유행은 트렌드와 달리 우리 삶에 미치는 영향력이 제한적입니다. 노래를 예로 들면 수많은 신곡이 쏟아지며 다양한 차트에서 순위를 겨루지만 대부분 금방 잊힙니다. 그래서 우리는 유행가라 부릅니다. 그리고 그 노래를 몰라도 우리 삶에 큰 영향(지장)은 없습니다.

흐름은 지속성이 되어

그리고 트렌드의 다른 한 축을 담당하는 흐름은 지속성으로 변환됩니다. 따라서 트렌드는 유행과 달리 일시적으로 불타오르는 현상이 아닌, 시간을 두고 오랜 기간에 걸쳐 나타납니다. 이로써 방향성을 갖게 되고, 우리의 삶은 그곳을 향하게 됩니다. 엣지 있는 명칭의 유행과 달리, 투박하게 들려도 그 흐름은 장기간 지속됩니다.

번역하면

인터넷을 통해 트렌드를 한국어로 번역하면 다음과 같이 여러 단어가 나옵니다. 모두 우리에게 친숙한 단어이지만 이번 기회에 뜻을 정리해보겠습니다.

트렌드TREND

① 추세 : 어떤 일이나 현상이 변화하는 과정에서 일정한 방향성을 주도하는 힘

② 경향 : 사상이나 행동 또는 어떤 현상에서 나타나는 일정한 방향성

③ 현상 : 사물이나 어떤 작용이 드러나는 바깥 모양새

④ 유행 : 언어, 복장, 취미 따위의 생활양식이나 행동양식이 사회 구성원들에게 일시적으로 널리 퍼짐

현장에서 트렌드를 번역할 때 상대적으로 많이 선택되는 단어가 바로 추세와 경향입니다. 이를 한자로 전환하면 각각 우리의 삶에 미치는 영향력을 의미하는 힘(추세), 그리고 흐름이 지속되어 나타나는 방향(경향)을 뜻에 내포합니다. 이로써 트렌드는 '우리에게 지속적인 영향력을 미치는 흐름'이라고 정리할 수 있습니다.

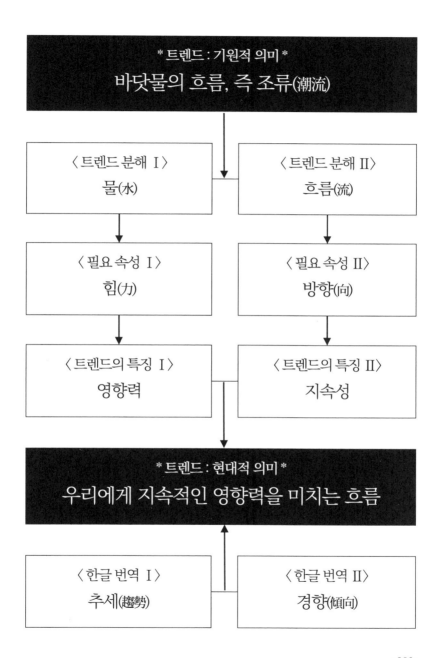

* 트렌드 : 기원적 의미 *
바닷물의 흐름, 즉 조류(潮流)

〈 트렌드 분해 I 〉
물(水)

〈 트렌드 분해 II 〉
흐름(流)

〈 필요 속성 I 〉
힘(力)

〈 필요 속성 II 〉
방향(向)

〈 트렌드의 특징 I 〉
영향력

〈 트렌드의 특징 II 〉
지속성

* 트렌드 : 현대적 의미 *
우리에게 지속적인 영향력을 미치는 흐름

〈 한글 번역 I 〉
추세(趨勢)

〈 한글 번역 II 〉
경향(傾向)

유행 ⊄ 트렌드

이제 저의 관점에서 트렌드와 유행을 정리하고자 합니다. 트렌드는 앞서 정리했듯이 '우리에게 지속적인 영향력을 미치는 흐름'입니다. 그리고 이는 우리 생활에 미치는 영향력과 지속성을 지녀, 두 가지가 제한적인 유행과 구분됩니다. 유행을 트렌드에 포함시키는 전문가도 있지만, 저는 혼동을 피하고자 분리하겠습니다.

트렌드 대중소(大中小)?

현재 많은 전문가가 트렌드를 기본으로 하고 여기에 메가트렌드와 마이크로트렌드를 추가합니다. 그리고 지속기간을 기준으로 이 셋을 구분합니다. 저도 이런 분류에 기본적으론 동의합니다. 하지만 마케팅 현장에서 접하는 현실은 이와 다르다는 사실을 말씀드리고 싶습니다. 그 이유는 지속기간을 예측할 수 없기 때문입니다.

트렌드인가 유행인가

따라서 최우선 과제는, 트렌드의 대중소 분류가 아닌 이것이 단순한 유행인지 아니면 우리에게 꾸준히 영향을 미칠 트렌드인지 구분하는 것입니다. 하나의 트렌드가 얼마 동안 지속할지 우리는 예상할 수 없습니다. 지금까지 우리가 축적한 지식과 경험, 그리고 목격하는 현상 등을 바탕으로 판단할 뿐입니다.

마이크로트렌드를 예로 들어보겠습니다. 그 지속기간은 전문가마다 조금씩 다르게 규정하지만, 최대 1년을 넘지는 않는 것으로 나타납니다. 그렇다면 한 해를 넘기지 못하고 사라지는 트렌드가 과연 유행과 의미 있는 차이가 있을까요? 매년 동일한 시기에 반복되는 트렌드라고요? 그렇다면 그것은 유행조차 아닙니다.
그저 제철에 피고 지는 꽃과 같을 뿐입니다. 기업이 그 잠깐의 시간 동안 트렌드라 할 수 없는 유행 또는 그보다 작은 흐름에 장기적 관점에서 역량을 집중하는 것은 전혀 바람직하지 않습니다. 그리고 결정적으로 그 흐름에 동참하지 않는다고 해도 우리의 삶에 큰 영향을 미치지 않기에 이를 군이 트렌드로 볼 이유는 없습니다.

트렌드 vs. 메가트렌드

이제 유행과 달리 트렌드는 최소 1년 이상 지속하며 우리의 삶에 영향을 미치는 흐름이라고 정리해보았습니다. 그렇다면 과연 트렌드와 메가트렌드는 어떻게 구분할까요? 저는 사후적 해석일 뿐이라고 말하고 싶습니다. 그리고 전문가마다 기간에 대한 해석은 다르지만 10년 이상 지속성이 예견될 때 저는 메가트렌드로 봅니다.

밥 vs. 버거

트렌드는 밥입니다. 맛은 밋밋할지 몰라도 우리에게 기본이 되는 음식이므로 매일 섭취합니다. 반면 유행은 버거입니다. 우리에게 유혹적인 맛을 선사하지만, 굳이 기본이 되는 음식은 아니기에 매일 섭취하기엔 적합하지 않습니다. 따라서 메가트렌드 또는 거기에 가까울수록 밥과 같은 느낌을 전합니다.

웰빙 & 힐링

강의 때 제가 언급하는 대표적인 메가트렌드 사례가 바로 '웰빙과 힐링'입니다. 우리가 당연하게 받아들이고 지금도 삶에 지속적인 영향을 미치고 있습니다. 특히 힐링은 직관적으로 메가트렌드가 되리라 예상했습니다. 스트레스가 높은 한국 사회의 특성이 쉽게 바뀌지 않을 것이기에 힐링에 대한 욕구는 오래가리라 보았습니다.

대만 카스텔라가 불같이 타올랐으나 이내 사라졌습니다.
음성 SNS 클럽하우스의 선풍적인 인기도 금방 식었습니다.
트렌드인 줄 알았지만, 유행으로 끝나버린 사례입니다.

반면 힐링은 메가트렌드입니다.
지친 몸을 위로하고 행복을 추구하고 싶은 흐름이죠.
그래서 욜로(YOLO)와 소확행이 등장합니다.

미칠 듯한 매운맛과 단짠단짠이 트렌드입니다.
음식으로 위로 받고 싶은 힐링에서 파생되었습니다.
한편으론 웰빙에 반기를 든 카운터트렌드*입니다.

언급한 트렌드는 금방 타오르고 사라지는 유행이 아닙니다.
우리의 일상에 이제는 확고히 자리잡은 트렌드입니다.
확실히 메가트렌드보다 용어의 있어빌리티 지수가 높습니다.

이렇듯 메가트렌드와 트렌드는 배타적이 아닙니다.
차분히 들여다보면 유기적으로 연결되어 있습니다.
여러분도 이처럼 넓은 시각으로 바라보았으면 합니다.

메가트렌드는 담백하고 깊은 맛을 지녔습니다.
트렌드는 적절한 양념으로 맛깔스럽습니다.
유행은 유혹적인 맛이지만 깊이는 얕습니다.

*카운터트렌드(Countertrend) : 트렌드의 쏠림 심화로 발생하는 반작용 현상

세상에서 가장 맛있는 라면은?
역시 남이 끓여주는 라면입니다.
한마디로 끓이기 귀찮다는 뜻이죠.

트렌드도 마찬가지입니다.
직접 찾아 정리하고 분석하기는 귀찮습니다.
그래서 남에게(주로 에이전시) 부탁합니다.

에이전시 담당자는 이게 참 부담스럽습니다.
클라이언트(마케터)의 기대치가 높기 때문이죠.
이미 알려진 트렌드 말고 다른 것을 원하니까요.

그런데 문제는,

트렌드는 금방, 쉽게, 그리고 자주

발생하지 않는다는 것이죠.

그것을 누가 찾아서 보고하든,

그것이 트렌드이든 유행이든,

마케터는 더 높은 곳에서 더 넓은 시각으로

그것이 전개되는 전체적인 맥락을 파악하고 예상해

비즈니스 기회를 창출해야 합니다.

마케터는 알고 싶어 합니다.
지금 주목할 트렌드는 무엇인가?

우선 과거에는 무엇이 대세였는지.
그것에 맞서 등장한 것은 무엇인지.

이전의 그것은 이제 다른 모습으로 변하는지.
혹시 이들은 배타적인지 함께할 수 있는지.

그리고 여기에 새로운 요소를 결합해
유니버스를 계속 확장할 수 있는지.

이 책을 선택한 독자는 단순히 지금 시점에서
특정한 트렌드 발견에 머물지 않길 바랍니다.

* 사례 : 女子에게 어필하는 男子 *

이제 사례를 통해 이해를 돕고자 합니다.
트렌드보다 상대적으로 부담 없는 것으로 해보겠습니다.

넓은 시각으로 전체적인 흐름을 보기 바랍니다.
트렌드의 맥락을 파악하는 데 도움이 되었으면 합니다.

남자 이야기를 해볼까 합니다.
시대마다 여자에게 어필하는 남자의 모습*은 어땠을까요?

이것 역시 시간에 따라 다양한 트렌드를 보였습니다.
그럼 이제부터 하나씩 살펴볼까요?

*남자의 모습 : 이하 남성상(男性像)으로 표기

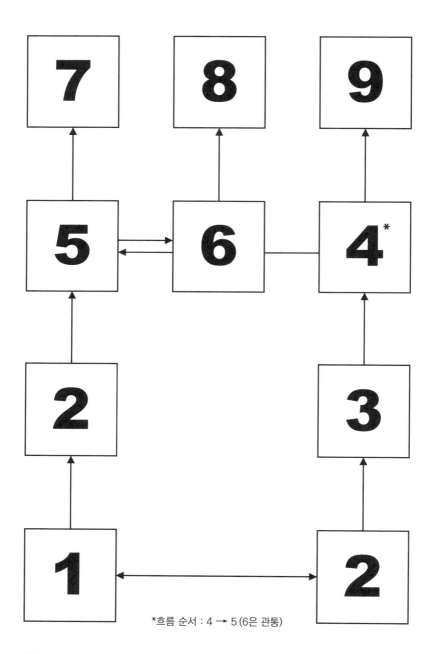

*흐름 순서 : 4 → 5 (6은 관통)

1 60년대 ~ 80년대 동안 장기집권
넘치는 테스토스테론, 쾌남

남자에게 강인함은 미덕

정부 주도의 계획경제로 초고속 성장을 구가하던 시절, 대한민국이 원하는 것은 강력한 힘이었습니다. 이런 사회적 요구가 투영된 남성상이 바로 쾌남(快男)이었습니다. 사전적 의미는 성격이나 행동이 시원스럽고 재주와 슬기가 매우 뛰어난 남자를 의미합니다. 한마디로 외모와 성격 모두, 선 굵은 스타일의 남자가 인기였습니다.

쾌남이 주류가 될 수 있었던 사회문화적 토양은 대한민국 특유의 가부장적 유교문화, 그리고 일상에 깊이 파고든 군대 문화였습니다. 그 당시 대한민국은 다양성보다는 획일성이 지배하는 사회였기에 이러한 남성상은 오랫동안 지속됩니다. 같은 이름의 남성 화장품이 등장할 정도로 한 시대를 풍미한 남성상이었습니다.

2 1987년 홍콩 누아르의 시작
우리가 사랑한 영웅본색의 두 남자

주윤발 & 장국영

홍콩 누아르 장르 역대 최고의 걸작으로 평가받는 '영웅본색(英雄本色)'은 국내에서 큰 반향을 일으켰습니다. 그리고 영화에 등장한 두 남자 배우는 대한민국에서 최고의 인기를 누렸습니다. 그 당시 한국 영화와는 차원이 다른 총격 장면을 선보이며 남성미 넘치는 모습을 보여준 주윤발에 수많은 한국 남자가 환호했습니다.

거기까지는 충분히 예상이 가능했습니다. 그런데 문제는 장국영이었습니다. 그는 그때까지 한국 남자에게서는 좀처럼 볼 수 없었던 모습으로 여심을 사로잡았습니다. 보호 본능을 불러일으키는 미소년 같은 외모와 세련된 패션 감각, 그리고 감미로운 노래 실력까지 지녔습니다. 마침내 쾌남은 강력한 적수를 만났습니다.

3 90년대에 등장한 신인류
바람부는 날이면 압구정동에, X세대

난 나야!

1990년대에 접어들자 사회적 관심을 받으며 하나의 현상이 된 최초의 젊은 세대가 등장했습니다. 교복 및 두발 자율화를 경험했고 부모 세대가 이룬 급속한 경제적 발전 덕분에 나이키, 소니, 게스, 맥도날드 등 글로벌 브랜드에 열광하고, 언제나 남과 다른 자신을 세상의 중심에 두며 성장한 첫 번째 세대. 바로 X세대였습니다.

이전 세대와 확연히 다른 DNA를 지닌 그들에게 장국영 같은 스타일은 남녀 모두에게 어필했습니다. 멋진 외모와 스타일은 기본이며 이전 세대의 남자에겐 없었던 부드러움까지. 물론 오렌지族이라 불리던 다크(Dark) 버전도 있었지만, 이전까지 변함없이 이어진 과도한 남성성에 지친 여성들은 호의적일 수밖에 없었습니다.

4 21세기에 등장한 첫 번째 남자
데이비드 베컴처럼, 메트로섹슈얼

마초에게 날리는 카운터 펀치

새로운 한 세기가 시작되었습니다. 남성 호르몬이 넘치는 전통적인 남자와 달리 소프트한 매력을 지닌 남성이 여전히 대세였습니다. 그리고 한 번 더 진화한 남자가 나타났습니다. 다름 아닌 메트로섹슈얼(Metrosexual). 우선 경제력를 바탕으로, 패션뿐만 아니라 피부와 헤어스타일에 이르기까지 외모에 아낌없이 지출했습니다.

이와 더불어 쇼핑을 즐기며 음식과 문화 등에도 큰 관심을 보이는 등, 내면의 섬세하고 감성적인 면모를 거침없이 표출했습니다. 이런 메트로섹슈얼의 대표적인 아이콘이 바로 영국의 축구선수 데이비드 베컴, 우리나라에선 안정환이었습니다. 마초적인 남성들은 이들을 경멸했지만, 많은 여성들은 이들을 좋아했습니다.

5 고마해라, 마이무따아이가
다시 남자, 레트로섹슈얼

다다익선(多多益善)?

메트로섹슈얼은 꽃미남이란 한국어로 대체될 만큼 2000년대 중반 많은 여자의 지지를 받은 남성상이었습니다. 그러나 한계효용은 결국 체감하게 됩니다. 특히 외모에 대한 이들의 관심이 집착으로 보이기 시작하며 여성들의 환호도 차갑게 식어갔습니다. 그리고 다시 예전의 그 남자다운 모습의 남자를 그리워하기 시작했습니다.

그래서 다시 돌아왔습니다. 시대가 변했기에 이제 쾌남이란 마초(Macho)스러운 단어가 아닌 레트로섹슈얼(Retrosexual)이란 이국적인 이름을 달았습니다. 내면의 여성성을 숨김없이 드러낸 메트로섹슈얼과 반대되는 모습으로, 자연스럽고 터프한 매력을 지닌 남자를 의미합니다. 복고적이지만 과거보다 진일보한 모습이었습니다.

6 두 스타일을 경험한 후
장점을 섞으니 괜찮네, 위버섹슈얼

남자의 끝판왕?

내면의 여성성을 거리낌없이 표출한 메트로섹슈얼, 그리고 남자다운 모습을 이전과 달리 세련된 방식으로 보여준 레트로섹슈얼. 모두 여성에게 어필한 새로운 남자의 모습이었습니다. 하지만 누구도 완벽하지 않기에 아쉬움은 있기 마련이고 그래서 둘의 장점을 결합한, 또는 단점을 개선한, 남성상이 마침내 등장했습니다.

다름 아닌 위버섹슈얼(Ubersexual). 누가 뭐라 해도 남자다운 면모는 기본적으로 유지했습니다. 그러나 거기에 머물지 않고 세련된 외모와 부드럽고 섬세함을 겸비한 모습을 보여주었습니다. 조지 클루니가 대표적인 아이콘으로 떠올랐으며, 그는 수많은 여성으로부터 끊임없는 구애와 사랑을 받았습니다.

드디어 완성된 세 개의 축 위로
7+ 나쁜 남자, 훈남, 얼굴 천재까지

기본 축 완성

대한민국에서 여자에게 어필했던 남자의 모습, 90년대 이전엔 테스토스테론이 넘치는 마초적인 모습이 전부였습니다. 그 천편일률적인 모습은 시간이 흐르고 다양한 사회문화적 변화를 겪으며 세포분열을 했고, 이제 세 개의 기본 축을 완성했습니다. 부드러운 남자, 남자다운 남자, 그리고 둘의 장점을 합친 중간적 남자.

이것이 실현된 모습이 바로 순서대로 메트로섹슈얼, 레트로섹슈얼, 그리고 위버섹슈얼입니다. 이 세 개의 축을 기본으로 계속 진화합니다. 그리고 최근에 나타난 버전을 이번에도 순서대로 정리하면 얼굴 천재, 나쁜 남자, 훈남이라 할 수 있습니다. 지금은 각 축을 바탕으로 진화, 변주, 그리고 확장이 일어나고 있습니다.

 유니버스의 확장
Ω 세상은 넓고 남성상은 다양하다

인기 독차지는 옛말

돌이켜보니 세상은 참 많이 변했습니다. 이제 여자에게 어필하는 매력적인 남자의 모습이 절대적인 하나로 수렴되는 시대는 지났습니다. 남자의 모습은 다양해졌고 그 매력에 이끌리는 여자의 취향도 함께 다채로워졌습니다. 드라마를 보아도 서브 남자 주인공을 비롯해 여러 모습의 남자 캐릭터가 여자 시청자에게 어필합니다.

이제 남성상은 다른 차원에 존재하는 요소와 결합하며 유니버스를 확장합니다. 대표적인 요소가 바로 지식입니다. 상대의 지성과 센스에 매력을 느끼는 사피오섹슈얼(Sapiosexual)의 존재가 부각되며 지적인 남자에게 끌리는 여성이 증가합니다. 그래서 최근 몇 년 사이 뇌섹남이 새로운 남성상의 축을 만들었습니다.

'우리에게 지속적인 영향력을 미치는 흐름'
앞에서 저는 트렌드를 이렇게 정리했습니다.
그리고 추세와 경향으로 번역했습니다.

트렌드는 많은 사람의 선택을 끌어냅니다.
영향력과 지속성을 지녔기에 안전한 선택입니다.
그러므로 트렌드는 출발점 또는 기준점이 됩니다.

그런데 이런 트렌드조차 피할 수 없는 것이 있습니다.
바로 선택을 받을수록 만족도가 줄어든다는 사실입니다.
어떤 것도 한계효용 체감의 법칙을 피해 갈 순 없습니다.

그래서 등장하는 것이 바로 카운터트렌드입니다.
그 카운터트렌드도 시간이 흐르며 단점이 나타납니다.
그래서 중간 지점에 또 다른 트렌드가 등장합니다.

이 흐름이 모든 트렌드를 설명하는 불변의 법칙은 아닐 겁니다.
하지만 무시하지 못할 만큼 많은 트렌드를 설명할 수 있습니다.
이제 300쪽의 내용과 남자 사례를 교차시켜 풀어보겠습니다.

300쪽

마케터는 알고 싶어 합니다.
지금 주목할 트렌드는 무엇인가?

우선 과거에는 무엇이 대세였는지
그것에 맞서 등장한 것은 무엇인지

이전의 그것은 이제 다른 모습으로 변하는지
혹시 이들은 배타적인지 함께할 수 있는지

그리고 유니버스의 확장을 통해
새로운 것이 계속 나타날 수 있는지

이 책을 선택한 독자는 단순히 지금 시점에서
특정한 트렌드 발견에 머물지 않길 바랍니다.

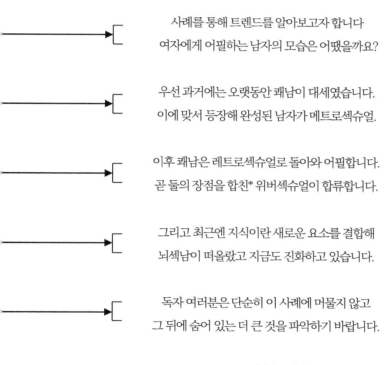

사례를 통해 트렌드를 알아보고자 합니다
여자에게 어필하는 남자의 모습은 어땠을까요?

우선 과거에는 오랫동안 쾌남이 대세였습니다.
이에 맞서 등장해 완성된 남자가 메트로섹슈얼.

이후 쾌남은 레트로섹슈얼로 돌아와 어필합니다.
곧 둘의 장점을 합친* 위버섹슈얼이 합류합니다.

그리고 최근엔 지식이란 새로운 요소를 결합해
뇌섹남이 떠올랐고 지금도 진화하고 있습니다.

독자 여러분은 단순히 이 사례에 머물지 않고
그 뒤에 숨어 있는 더 큰 것을 파악하기 바랍니다.

*또는 단점을 보완한

正反合

트렌드를 감싸고 있는 더 큰 무엇.
네, 그것은 바로 정반합입니다.

正 : 다수의 선택, 이것은 대세

지금 우리에게 지속적인 영향력을 미치는 흐름, 수많은 트렌드는 정반합의 흐름을 따라갑니다. 분석하려는 트렌드를 한자(바를 정, 正)의 뜻대로 정답의 의미로 받아들일 필요는 없습니다. 대신 분석을 위한 출발점 또는 기준점으로 삼으면 충분합니다. 다만 이것이 앞으로도 지속될 것인지 여부를 예측하는 것이 관건입니다.

反 : 반대의 등장, 이것은 숙명

만약 지속될 가능성이 작다면? 많은 사람의 선택을 받아오던 트렌드가 정점을 지나 어느덧 지루하게 느껴진다는 뜻입니다. 사람이란 참 간사합니다. 지금까지 열광하던 트렌드의 단점에 점차 싫증을 느끼기 시작합니다. 피로감이 커졌을 때 단점을 보완한 카운터트렌드가 반대편에서 등장합니다. 결코 피할 수 없습니다.

카운터트렌드를 표현하는 기막힌 사자성어가 있습니다. 바로 물극필반(物極必反). 사물의 전개가 극에 달하면 반드시 반전한다는 뜻입니다. 트렌드를 소비할수록 한계효용의 체감은 필연적입니다. 아무리 시장을 지배하는 브랜드라도 단점에 반기를 든 안티 세력을 피할 수 없습니다. 이는 곧 새로운 기회를 창출합니다.

合 : 정과 반의 결합, 이것은 또 다른 출발점

이제 정(正)에 반기를 든 반(反)이 등장합니다. 하지만 정이 소멸하는 것은 아닙니다. 극과 극은 통하기에 둘은 공존합니다. 우리는 정의 단점이 싫어 반을 받아들입니다. 그러나 이번에도 만족할 수 없습니다. 다시 정과 반의 장점을 결합하거나 단점을 보완한 합(合)을 원합니다. 이제 합은 다시 다음을 위한 출발점이 됩니다.

트렌드와 정반합.

어색한 조합이라 생각할 수 있습니다.

하지만 우리에겐 이미 익숙합니다.

가깝게는 2006년 9월 29일.

동방신기의 3집 앨범에 실렸죠.

타이틀곡 "O" – 正. 反. 合. 입니다.

그리고 멀게는 19세기 전반.

독일의 철학자 헤겔이 주장했죠.

변증법은 정반합 3단계를 거친다고.

단편적인 트렌드, 그 이상을 보세요.

트렌드의 유니버스, 바로 '정반합'입니다.

이제 한 가지 사례를 더 볼까요?

연예와 오락 등으로 구성하여 재미를 주는 프로그램.
우리는 오래전부터 이것을 예능(藝能)이라 불렀습니다.

현재 대한민국 예능을 이끄는 3대 콘텐츠가 있습니다.
다름 아닌 음악, 여행, 그리고 음식입니다.

그중에서 음악을 한번 살펴보고자 합니다.
음악 프로그램의 트렌드는 어떻게 변해왔을까요?

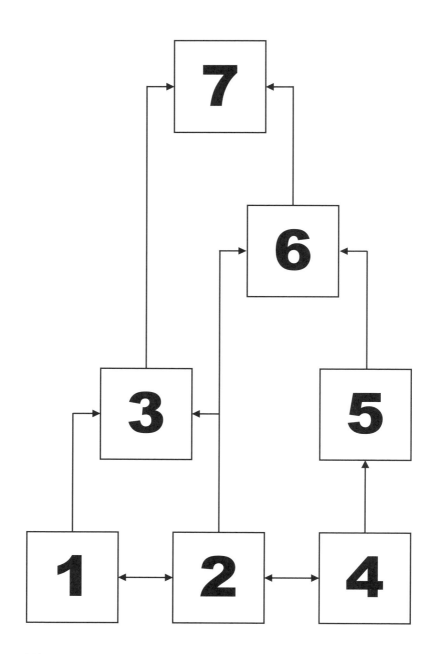

1 어디에서 출발할까?
음악 프로그램을 장악한 그들

正 : 기준을 정하라.

이번 트렌드의 출발점이 되는 기준은 아이돌 그룹입니다. 대한민국 대중음악계의 역사는 서태지와 아이들의 등장 이전과 이후로 나뉜다는 평가를 받습니다. 그런데 서태지와 아이들은 1996년 초 돌연 해체를 선언합니다. 불가능할 것 같은 그 빈자리, 하지만 하반기에 데뷔한 5인조 보이밴드 H.O.T.가 단숨에 차지합니다.

이후 아이돌 그룹의 데뷔가 이어지며 아이돌 전성시대가 시작됩니다. 젝스키스, S.E.S, 핑클, 신화, 베이비복스, NRG, god, 쥬얼리 등 수많은 아이돌 그룹이 대중음악계를 장악합니다. 노래와 춤, 패션 및 다양한 개인 캐릭터를 앞세워 국내 시장을 뛰어넘기 시작하며 대중 음악은 비로소 하나의 수출 산업으로 성장합니다.

2 반격의 시작
노래는 우선 듣는 맛이 있어야지

反 : 아이돌 세상, 이젠 지겹다.

하지만 젊은 세대가 열광하는 아이돌 그룹에 대중은 서서히 지쳐갑니다. 물극필반(物極必反)이라 했습니다. 이제 아이돌 그룹의 장점은 충분히 익숙해졌고 단점이 수면 위로 올라옵니다. 무엇일까요? 바로 가창력입니다. 그렇습니다. 어느덧 대중은 노래에 충실한, 즉 가창력이 뛰어난 가수를 다시 그리워하기 시작합니다.

그래서 등장한 프로그램이 바로 2011년 3월 MBC에서 선보인 '나는 가수다'입니다. 소위 대중음악계에서 쉽게 밀리지 않는 가창력을 지닌 거물급 가수들이 치열한 순위 경쟁을 펼치며 대중의 귀를 사로잡습니다. 오랜만에 느껴보는 귀르가즘. "그래 이것이 음악이지, 이것이 노래지." 프로그램은 화제를 모으며 대박을 터트립니다.

3 보고만 있을 것인가?
경쟁 프로그램의 약점을 찾아라

合 : 다급해진 KBS

채점을 통한 순위 매기기, 급작스럽게 결정된 재도전 방식 등의 논란에도 불구하고 나는 가수다는 MBC 예능의 암흑기에 마침표를 찍었다고 평가받습니다. 이에 자극받은 KBS, 반격을 준비하지만 쉽지 않습니다. 이제 나는 가수다를 기준점(正)에 놓고 분석합니다. 부담스럽지만 KBS는 반드시 나는 가수다의 약점을 찾아야 합니다.

그 약점은 과연 뭘까요? 바로 극도의 경쟁과 긴장감입니다. 예능의 기본은 즐거움인데 경연에 참여하는 대한민국의 내로라하는 가수들이 안쓰러울 만큼 긴장합니다. 그 경쟁이 프로그램의 핵심이지만 동시에 그것에 불편함을 느끼는 시청자도 있습니다. KBS는 부담스런 경쟁이 아닌 축제 같은 분위기의 즐거운 경쟁을 선택합니다.

그래서 등장한 프로그램이 바로 '불후의 명곡'입니다. 가수, 아이돌, 뮤지컬, 국악에 이르기까지 분야와 장르에 상관없이 매회 가창력이 훌륭한 가수를 초대합니다. 경쟁 방식을 도입했지만, 승패에 대한 부담은 없습니다. 이기면 좋지만 져도 괜찮습니다. 다음 회에 또 출연해 즐겁게 경연을 이어가면 되기 때문이죠.

4 역시 믿고 듣는 가창력
그런데 대한민국은 전 국민이 가수

시즌 2를 능가할 수 있을까?

서바이벌 프로그램 슈퍼스타K가 2009년 7월에 전파를 타며 작은 성공을 거둡니다. 그리고 다음해에 편성된 시즌2에서 역대급 시청률을 기록하며 케이블 TV의 한계를 뛰어넘습니다. 하지만 이때까지만 해도 오디션이란 프로그램 정체성이 더 강했습니다. 많은 전문가는 시즌 2가 정점이며 이를 뛰어넘기는 힘들 거라 예상합니다.

하지만 우려와 달리 시즌 3은 슈퍼스타K 시리즈 중 가장 성공한 시즌으로 평가받습니다. 오디션이란 포맷의 매력도 여전했지만 그 이유는 무엇보다, 가수의 기본은 가창력이라는 인식이 최고조에 달했기 때문입니다. 그런데 슈퍼스타K는 노래 잘하는 가수에 대한 관심을 다시 불러일으킨 나는 가수다와 반대되는 요소를 지닙니다.

反(2) : 프로 가수가 아니라면?

슈퍼스타K의 관점에서 볼 때 기준(正)은 아이돌이 아닌 나는 가수다입니다. 그리고 주요 구성요소와 반대 되는 것을 취함으로써 대척점(反)에 섭니다. 나는 가수다는 최고의 가창력을 지닌 프로 가수의 무대입니다. 이에 반대되는 개념은 바로 노래 잘하는 아마추어입니다. 단순히 오디션 포맷이 시청률 대박의 전부는 아닌 겁니다.

5 오디션 포맷의 확장
그리고 그만큼 지쳐가는 시청자

검증된 치트키

이제 오디션 포맷은 일정 수준의 시청률을 보장하는 일종의 치트키가 되었습니다. 방송국 입장에선 굳이 마다할 이유가 없습니다. 슈퍼스타K의 성공에 자극받은 지상파 3사는 유사한 음악 오디션 프로그램을 꽤 비슷한 시기에 편성하기에 이릅니다. 슈퍼스타K를 포함해 정리하면 아래와 같습니다.

프로그램	방송국	방송기간
슈퍼스타K	tvN	2009년 7월 24일 ~ 2016년 12월 8일 (8시즌)
위대한 탄생*	MBC	2010년 11월 5일 ~ 2013년 3월 1일 (3시즌)
TOP밴드	KBS2	2011년 6월 4일 ~ 2015년 12월 11일 (6시즌)
K팝스타	SBS	2011년 12월 4일 ~ 2017년 4월 9일 (6시즌)

* 원제목은 '스타오디션위대한탄생'

의외로 냉담한 반응

오디션 프로그램의 달콤한 맛에 푹 빠진 방송국은 이제 거침없이 영역을 확장합니다. 하지만 일정 수준의 시청률은 확보할 것이라는 예상과 달리 시청자는 지겨움을 느끼고 이를 낮은 시청률로 표출합니다. 아래 표에 소개된 음악 이외의 다양한 오디션 프로그램은 모두 한 시즌 만에 무대에서 사라집니다.

프로그램	방송국	방송기간
신입사원	MBC	2011년 3월 6일 ~ 2011년 6월 26일
휴먼 서바이벌 도전자	KBS2	2011년 6월 24일 ~ 2011년 10월 7일
기적의 오디션	SBS	2011년 6월 24일 ~ 2011년 10월 14일
탑디자이너	JTBC	2013년 11월 9일 ~ 2013년 12월 28일

 6 믿을 것은 역시 음악
그렇다면 이번엔 무엇이 통할까?

오히려 전화위복?

비록 야심 차게 기획한 다양한 오디션 프로그램의 실패는 뼈아프지만, 방송국 입장에선 그래도 한 가지 사실은 명확해졌습니다. 바로 오디션 포맷에 가장 어울리는 콘텐츠는 음악이란 사실입니다. 그렇다면 이제 프로그램 기획자에게 던져진 과제는 다음과 같습니다. "음악을 활용해 어떤 프로그램을 만들 것인가?"

출발점을 정하라!

나는 가수다가 폭발적인 관심을 받으며 음악에 대한 시청자의 갈증을 해소하기 시작한 이래로 다양한 프로그램이 기획되었습니다. 그런데 화제성이 남달랐던 프로그램을 꼽으려면 다름 아닌 나는 가수다와 슈퍼스타K입니다. 그렇다면 두 프로그램에서 출발해보겠습니다. 혹시 둘의 특징을 섞으면(슙) 어떨까요?

合⑵ : 프로페셔널 × 아마추어

그래서 등장한 프로그램이 다름 아닌 JTBC의 히든싱어입니다. 프로와 아마추어가 같은 무대에서 모창을 통해 노래 실력을 겨룹니다. 얼굴을 드러내지 않는다는 포맷은 참신합니다. 진행자 전현무 씨의 재치 있는 진행이 양념처럼 더해지며 숱한 화제를 낳고 있습니다. 어느덧 채널을 대표하는 장수 프로그램 중 하나가 되었습니다.

 7 그럼 우리도 가려볼까?
오, 마침내 글로벌 대박

논란을 거듭하며 하락하는 시청률

2014년 12월 6일, 히든싱어는 3기 왕중왕 편을 끝으로 세 번째 시즌을 성공적으로 마치고 휴지기에 들어갑니다. 그런데 숨긴다(히든)는 컨셉이 시청자에게 통한다는 사실을 충분히 목격한 MBC가 움직입니다. 마침 시즌을 거듭할수록 시청률이 하락하는 나는 가수다를 대체할 후속 음악 프로그램이 필요한 시기였습니다.

合⑶ : 불후의 명곡 × 히든싱어

2015년 4월 5일, 설 특집 프로그램 중 최고의 화제를 낳은 파일럿 프로그램을 드디어 정규 편성합니다. 바로 '미스터리 음악쇼 복면가왕'. 복면가왕은 두 프로그램의 장점이 보입니다. 우선 인기 프로그램으로서 순항하고 있는 KBS 불후의 명곡의 즐거운 대결, 그리고 JTBC 히든싱어의 노래하는 참가자를 숨긴다는 컨셉입니다.

反⑶ : 하지만 다르게

하지만 동시에 복면가왕은 히든싱어와 차별화를 꾀합니다. 우선 숨김의 수위가 다릅니다. 통 안으로 들어가는 히든싱어가 강(强)이라면 가면을 착용하는 복면가왕은 약(弱)입니다. 그리고 히든싱어는 일반인(아마추어) 참가자를 섭외하지만 복면가왕은 가수(프로)를 비롯해 대중적 인지도를 지닌 연예인 및 유명 인사를 초대합니다.

복면가왕의 성공은 국내를 넘어섭니다.
50개 이상의 국가에 프로그램 라이선스를 판매합니다.
각국에서 제작되어 시즌을 거듭하고 있습니다.

마케터는 트렌드를 이해하고 흐름을 읽어야 합니다.
그리고 자신만의 시각으로 해석하고 판단해야 합니다.
그래야 트렌드에 대한 입장을 정리할 수 있습니다.

지금 펼쳐지는 트렌드에 기꺼이 동참할 것인지.
아니면 거스르고 반대편으로 움직이는 도전을 할 것인지.
그것도 아니면 트렌드와 트렌드를 결합할 것인지.

지금까지 컨셉, 인사이트, 그리고 트렌드를 정리해보았습니다.
학자의 관점이 아닌 실무자의 경험적 관점이기에 많이 부족합니다.
그렇지만 독자 여러분께 작으나마 도움이 되길 바랍니다.

[UNIT 10]

에필로그 EPILOGUE

개인적인 생각 몇 가지를 끝으로
이제 책을 마무리하고자 합니다.

독자마다 생각이 다를 수 있기에
책에 포함해야 할지 고민했습니다.

같은 생각이라면 공감해주시고,
아니어도 읽어주심에 감사드립니다.

첫째, '디지털 마케팅'이란 것은 없습니다.

지금 디지털 마케팅이 대세인데 무슨 말이냐고요?
논란이 있겠지만 디지털은 명확한 실체가 없습니다.
명사처럼 사용하지만, 디지털은 사실 형용사입니다.

Digit(자릿수)? 아니면 Digitalization(디지털화)?
아쉽지만 속 시원히 실체를 보여주는 명사가 없습니다.
기술적 관점에선 가능하겠지만 마케팅과 무관합니다.

그러면 잠시 아날로그란 단어를 빌려보겠습니다.
대비를 통해 비로소 디지털에 대한 이해가 생깁니다.
네, 결국 디지털은 목적이 아닌 방식을 의미합니다.

그런데 우리는 마케팅이 아닌 디지털에 과몰입합니다.
마케팅이 디지털 미디어를 통해 온라인 공간에서 펼쳐집니다.
디지털이 아닌 마케팅의 본질과 전략이 우선되어야 합니다.

둘째, 마케팅 프로젝트는 '브리프'*에서 시작합니다.

"야, 너와 나 사이에 무슨 브리프가 필요하냐?"
믿기지 않겠지만, 실제로 광고주가 동료에게 전화로 했던 발언입니다.
그렇게 그는 프로젝트 브리프를 전화 통화로 대신했습니다.

저는 금요일 출근길에 광고주(대표이사)에게 휴대폰 브리핑을 받았습니다.
주말을 반납하고 제작팀과 함께 작업해 발표했습니다.
"내가 원한 건 그게 아닌데…"라며 그는 자기 말을 뒤집었습니다.

브리프(Brief)는 마케팅에서 중요한 역할을 하는 문서 이상의 문서입니다.
해당 마케팅 활동을 통해 브랜드가 원하는 것을 명확하게 담아야 합니다.
그리고 이를 위해 현황, 목표, 자료 및 관련 세부사항 등을 제공해야 합니다.

그런데 완성도 높은 브리프를 만나기란 생각보다 쉽지 않습니다.
마케터는 자신이 원하는 것을 브리프를 통해 정확히 그려야 합니다.
성공적인 마케팅은 언제나 좋은 브리프로부터 시작합니다.

* 브리프 : ① (특히 남성용) 언더팬츠, ② (특히 마케팅) 프로젝트 핵심 사항을 간결하게 정리한 문서

셋째, 마케터의 중요 역량 중 하나는 다름 아닌 '인성'입니다.

회의실에서 부장님은 광고대행사 국장님에게 화만 냈습니다.
자신의 감정만 쏟아냈고 회의는 그냥 그렇게 끝났습니다.
BM*이었던 저는 국장님과 그의 팀원들을 위로하기 바빴습니다.

또 다른 회의, BM은 명확한 이유와 깔끔한 매너로 개선점을 설명합니다.
그의 피드백에 모두 수긍했고 성공적인 프로젝트를 위해 함께했습니다.
AP*였던 제가 경험한 해당 기업의 마케팅팀은 언제나 인상적이었습니다.

마케팅은 혼자가 아닌 많은 사람과 함께하는 작업입니다.
복잡한 사내외 협력 관계의 중심에 서 있는 존재가 바로 마케터입니다.
끊임없이 소통하고 협업하기에 인성이란 덕목은 매우 중요합니다.

당시 부장님은 이미 팀원들에게 외면받는 존재였습니다.
반면 그 BM은 실력과 인성에 걸맞은 행보를 계속 이어가고 있습니다.
두 사람의 차이는 실력보다 인성이 더욱 컸습니다.

* BM : Brand Manager(당시 대리)　　* AP : Account Planner(당시 부장)

최근 개인 수업을 요청했던 어느 마케터는
자신을 '광고주님'이라 칭했습니다.

사원이라는 그의 그러한 태도 덕분에
수업 요청 거절은 어렵지 않았습니다.

마케터에게 첫 번째 타깃 소비자는
다름 아닌 함께 일하는 사람들입니다.

Not Better, But Different!

이 책은 여기까지입니다.
감사합니다.

APPENDIX

Ⅰ. 참고자료

- P23 〈YTN〉 유튜브, 2016년 2월 22일 , "이세돌 vs. 알파고 세기의 대결 기자회견"
  https://www.youtube.com/watch?v=E-ru7eU2VY0
- P50 Hubspot 블로그, 2021년 2월 25일, "What is marketing and what's its purpose?"
  https://blog.hubspot.com/marketing/what-is-marketing
- P51 Course Hero 웹사이트
  https://www.coursehero.com/file/p37juu8/2-Sales-
  theexchangeofacommodityformoneytheactionofsellingsomething-3-MarketShare/
- P53 〈매일경제〉, 2019년 4월 26일, "8세대 쏘나타 밀레니얼 세대를 겨냥하다"
  https://www.mk.co.kr/news/culture/view/2019/04/265501
- P60 〈매일경제〉, 2020년 2월 3일, "현대차, 중동시장 발판 사우디에 '쏘나타 공항 택시' 1000대 공급"
  https://www.mk.co.kr/news/business/9186304
- P69 위키피디아(검색어 : Marketing Mix)
  https://en.wikipedia.org/wiki/Marketing_mix
- P88 〈매일경제〉, 2020년 5월 28일, "'괄도네넴띤'을 넘어라. 비빔면 진검승부"
  https://www.mk.co.kr/news/economy/9359670
- P123 〈매일경제〉, 2017년 3월 30일, "맥도날드 '시그니처 버거' 이제 전국에서 맛본다"
  https://www.mk.co.kr/news/business/7766440
- P130 네이버 백과사전 (검색어 : 타마린드)
  https://terms.naver.com/entry.naver?docId=911322&cid=48180&categoryId=48249
- P141 〈한국경제〉, 2002년 2월 5일, "LG전자, 드럼세탁기 새 브랜드 '트롬 출시'"
  https://n.news.naver.com/mnews/article/015/0000475724?sid=101
- P177 나무위키 (검색어 : 혼다 커브)
  https://namu.wiki/w/%ED%98%BC%EB%8B%A4%20%EC%BB%A4%EB%B8%8C
- P185 위키피디아(검색어 : Concept)
  https://en.wikipedia.org/wiki/Concept
- P186 네이버 사전 (검색어 : 콘셉트, 개념)
  https://ko.dict.naver.com/#/entry/koko/ce846969ac594920a42680a4a6887ee2
  https://ko.dict.naver.com/#/search?query=%EA%B0%9C%EB%85%90

- P195 〈노컷뉴스〉, 2008년 1월 21일, "오리온, '차세대 웰빙 과자' 밀·콩 통째로 넣은 신제품"
  https://www.nocutnews.co.kr/news/403366?c1=248&c2=528
- P196 〈뉴시스〉, 2008년 1월 21일, "오리온, '닥터유 프로젝트'로 건강 잡는다"
  https://n.news.naver.com/mnews/article/003/0000734387?sid=101
- P200 〈헤럴드팝〉, 2008년 12월 11일, "오리온, 레스토랑표 '마켓오' 과자 4종 출시"
  https://n.news.naver.com/mnews/article/112/0001970104?sid=101
- P201 〈아시아경제〉, 2008년 12월 11일, "오리온 – 레스토랑 마켓오, '마켓오' 과자 출시"
  https://n.news.naver.com/mnews/article/277/0002070663?sid=101
- P203 〈한국경제〉, 2008년 12월 11일, "오리온·마켓오, 웰빙과자 4종"
  https://www.hankyung.com/news/article/2008121176311
- P210 〈매일경제〉, 2022년 11월 9일, "햇반 독주 끝? 오뚜기 맹추격에 뜨거워지는 즉석밥 시장"
  https://www.mk.co.kr/news/business/10522638
- P213 〈연합뉴스〉, "비비고 국물요리 연 매출 2천억 원, … 햇반·만두 이어 세 번째"
  https://www.yna.co.kr/view/AKR20210128062200030?input=1195m
- P230 〈파이낸셜뉴스〉, 2011년 4월 20일, "위기의 스타벅스 구한 하워드 슐츠 '전진 앞으로'"
  https://www.fnnews.com/news/201104202148339795
- P238 유튜브, 2019년 10월 4일, "김현정 × 설민석 × 김난도, 인사이트 발견의 순간"
  https://www.youtube.com/watch?v=Df2QWqlC_oI
- P251 〈비즈월드〉, 2021년 12월15일,
  "하이트진로 '테라', '청정'과 '리얼 탄산'으로 대한민국을 사로잡다"
  http://www.bizwnews.com/news/articleView.html?idxno=30543
- P254 유튜브, 2021년 2월 9일. "[한맥] 탄산은 느낌이지 맛은 아니잖아? (15초)"
  https://www.youtube.com/watch?v=6DaR8QacW2s
- P260 〈한국금융〉, 2021년 7월 19일, "배하준 vs 김인규, 카스·테라 계속되는 선두 경쟁"
  https://cnews.fntimes.com/html/view.php?ud=
  20210717171111393963dd55077bc2_18
- P262 〈서울경제〉, 2013년 2월 20일, "꽃을든남자 에너지 팩토리, 출시 한 달 만에 20만 개 판매"
  https://n.news.naver.com/mnews/article/011/0002306155?sid=101
- P277 〈경향신문〉, 2021년 10월 6일, "1인 가구 비중, 처음으로 40% 넘었다"
  https://www.khan.co.kr/local/local-general/article/202110061200001

II. 픽토그램 (https://thenounproject.com)

Attribution Text : "Icon Name" view icon by Creator, from thenounproject.com CC BY 3.0
반복의 지루함을 피하고자 이하 밑줄에 해당하는 Icon Name과 by Creator만 명기합니다.